K.G. りぶれっと No. 26

心理科学の最前線

平野哲司
土江伸誉
今西 明
一言英文
石 暁玲
中見仁美

関西学院大学出版会

目次

はじめに

本書『心理科学の最前線』は、心理学の最新の研究について、一般の方々や高校生、心理学を学び始めた大学生を対象に解説したものである。六名の著者は、いずれも二〇〇七年度から二〇〇九年度の間に、関西学院大学文学研究科から、博士（心理学）または博士（教育心理学）を取得した若手の心理学者で、実証科学としての心理学（心理科学）の面白さを、基礎実験や実践現場の興味ある話題をあげながら語っている。

本書は二〇〇六年八月発行の『心理科学研究のフロンティア』、二〇〇七年三月発行の『臨床心理科学研究のフロンティア』に続く第三号として企画された。この間、関西学院大学における心理学の研究・教育体制は目まぐるしく変化した。大学院では、文学研究科の心理学専攻と教育学専攻が二〇〇七年四月に合併して、総合心理科学専攻（心理学領域、教育心理学領域、臨床教育学領域、学校教育学領域）となった。次いで二〇〇九年四月には、総合心理科学専攻内の心理学領域と教育心理学領域が合併し、心理科学領域となった（臨床教育学領域は新設された教育学研究科に移動した)。これにともない、心理学を専門とする教員も増員された。

出版企画第一号『心理科学研究のフロンティア』と第二号『臨床心理科学研究のフロンティア』は、文部科学省の「『魅力ある大学院教育』イニシアティブ」に採択された心理学専攻の大学院教育プログラム「理工系分野に貢献する心理科学教育」(二〇〇五〜二〇〇六年度)の活動成果として発行されたものであった。体制が変わっても常に科学的な心理学の研究と教育を続けてきた実績は再び高く評価され、文部科学省の「組織的な大学院教育改革推進プログラム」に、総合心理科学専攻の事業「国際化社会に貢献する心理科学実践家の養成」(二〇〇九〜二〇一一年度)が採択された。本書『心理科学の最前線』は、その支援を受けて発行するものである。

本書を読まれる高校生や大学生の中から、科学的な心理学を学び、研究したいと志す若者が多く生まれることを期待している。

八木昭宏(プログラム代表者、関西学院大学文学部総合心理科学科教授)
中島定彦(出版企画担当者、関西学院大学文学部総合心理科学科教授)

第1章 情報の選択と記憶

平野哲司

いきなりだが、次のページにある二枚の写真を見てほしい。

写真1は本を探している様子、写真2はおススメの花を見ているときの様子であることがわかるだろう。写真で見ると少しぎこちなく感じるかもしれないがよくある風景である。この二つの写真に共通しているのはなんだろうか。写っている人物が同一であることもそうだが、ここでは以下の二点を挙げたい。一つ目は、たくさんのモノ（写真1なら本、写真2なら花、以下、これらをまとめて情報と呼ぶ）の中からある（一つの）情報を選択している点である。二つ目は、これは当然だが、選択される情報があるということは選択されない（捨てられた）情報があるという点である。このような選択によって複数の情報を分割するという行動は、普段

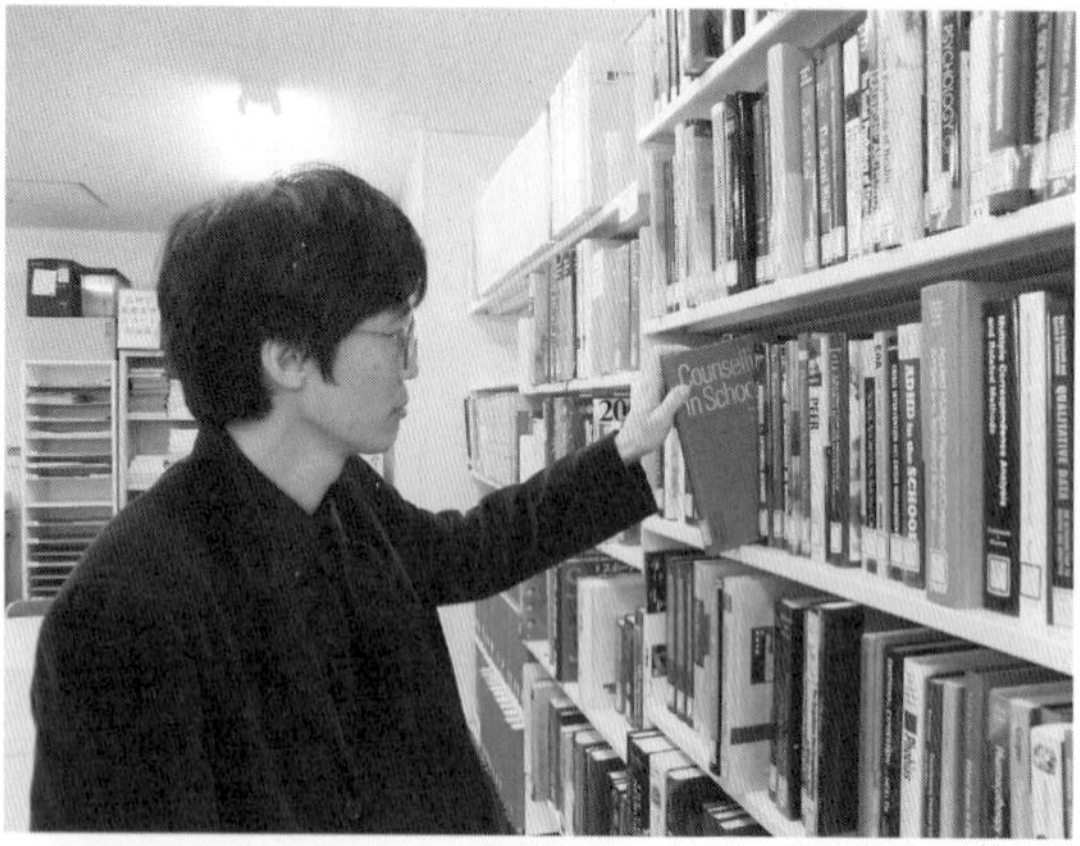

写真 1

写真 2

は意識していないが、われわれの日常生活ではかなり頻繁に行われている。A駅でB駅までの運賃をチェックするときその値段は選択された情報であり、C駅までの運賃は選択されない情報であるし、街中で偶然タイプの人を見つけてしばらく見とれるときその人が選択情報であり、それ以外の人々は選択されない情報ということになる。もちろん、選択情報はいつも選択されるわけではない。C駅に行く予定なら、A—C間の運賃が選択情報となり、Bまでの運賃は選択されない情報となる。

一方で、二枚の写真の違いはなんだろうか。場面が違うことも確かにその通りだが、ここでは選択行動という観点から考えてみよう。すると、写真1はたくさんある中から必要な本がないかどうか一生懸命探している場面、写真2は商品が目立つようディスプレイされていたために目が向いている場面といえる。ここでは、前者を自ら積極的に情報を選択するという意味で「自己選択」、後者は客に商品を見るよう方向付けるという意味で「強制選択」と呼ぶことにする。このことからわかるように、単に選択といってもすべて〝同じ〟選択を意味するわけではない。

記憶の自己選択効果

積極的な自己選択で得られる情報は、受動的な強制選択で得られる情報よりもよく覚えている。このことは日常生活の中でも経験することではないだろうか。例えば、日本史が好きな生徒は、江戸時代の徳川将軍十五名の名前と主な政治的功績を覚えることができ、期末テストに備えることができるが、これはその生徒が教科書や参考書から必要と思える情報を積極的に収集したためかもしれない。しかし、日本史が好きではない生徒は、ノートの赤線や赤字の箇所だけを見て期末テストを乗り切ろうとするかもしれない。しかし、それだけではいい成績が見込めないのは容易に想像できるだろう。赤線や赤字は先生に「ここが重要」と言われた箇所かもしれないが、他の箇所よりも目立つため、受動的、強制的にそこに目が向き勉強した気になっただけで、実際は何も覚えていないかもしれない。

このような、自己選択で得た情報の方が強制選択のそれよりも記憶保持が優れる現象は心理学者たちも認めているところで、彼らはこれを「記憶の自己選択効果」と呼んでいる。

では、この記憶の自己選択効果（以下、自己選択効果とする）は、なぜ生じるのだろうか。日本史のテスト対策の例から考えてみよう。自己選択か強制選択かは、「日本史が好きかどうか」に言い換えることができる。したがって、自己選択効果は好き嫌いによって見られる現象である、と言えるかもしれない。確かに、それは一理あるかもしれない。実際、そのように考えた心理学者もいる(文献1)。この学者の基本的な考えは、自己選択だと動機づけが高まり、それが記憶成績向上につながるというものである。しかし、好きなことでなくても、あるいは動機づけが高まるとは思えないことでも、自己選択する方が成績はよいという心理実験の結果もある（文献2）。

この実験では、実験参加者に二つの単語をペアでいくつも提示し、単語ペアごとに「もし記憶しなさいといわれたらどちらの方が記憶しやすいか、該当すると思う方に〇印をつけてください」という教示を与えた。さらに、〇印をつけた単語がどれくらい記憶しやすいと思うか、五段階で評価してもらった（**自己選択条件**）。また、ペアのうちのどちらか一方の単語に既に実験者によって〇印がつけられている条件も設定された（**強制選択条件**）。この条件では、実験参加者は〇印がつけられている単語がどれくらい記憶しやすいと思うかの五段階評価のみが求められた。その後、実験参加者は提示された単語（選択した方もしなかった方もどちらも）をできる限りたくさん思い出すよう教示された。こうした実験は、実験参加者にとってあまり好きなことをしている状況ではない。もし好き嫌いがこの現象の要因なら、こんな実験自体では単語を思い出せる量に条件間で差はないと予測される。しかし、実験の結果は、図1の左側に示されているように、自己選択条件の方が多く思い出されている。このことは自己選択効果が好き嫌いだけで決まるものではなく、別の要因を考えなければならないことを示している。では、その別の要因とはなんだろうか。

「記憶の」自己選択効果だけに「記憶しやすい方を選択するから」というのも一つの考え方だろう。先ほどの実験では「記憶しやすい方」を選択するよう求められていることから、この考え方は妥当といえるかもしれない。しかし、記憶ではなく「発音のしやすい方」を選択させる実験でも自己選択効果は得られている（図1の右側）。

どうやらこの効果は、好き嫌いや記憶（発音）のしやすさといった選択の基準に依存しない現象のようである。むしろ、なんでもかんでも自己選択さえすればよりよい記憶保持が保障されるのかもしれない。そうだとしたら、われわれは何事にも積極的に参加したりトライしたりすることが重要で、ただ必要な情報が与えられることを待つだけの「指示待ち」はネガティブな評価しか得られないことになる。実際、教育現場でも会社でも、言われないと動けない学生や労働者よりも自ら今何をするべきかを判断して行動に移せる者の方が「できる人」という印象を与えるのは確かである。

ところが、必ずしもどんな場合でも自己選択効果が得られるわけではないことを示す実験データがある。図2を見てほしい。左側のデータからは自己選択効果が得られたことがわかるが、右側のデータは自己選択条件と強制選択条件で差がない。両者の違いは選択候補として提示する単語ペアの二語間の意味的関連性にある。すなわち、「トラーキリン」のように意味的な関連性が強い二語がペアとして提示されていると自己選択効果が見られるが、「トラーハサミ」のように意味的な関連性が弱いペアが使われると効果は得られないのである。こうした交互作用の結果は、自己選択効果が選択候補どうしの意味的関連性に依存することを示唆してい

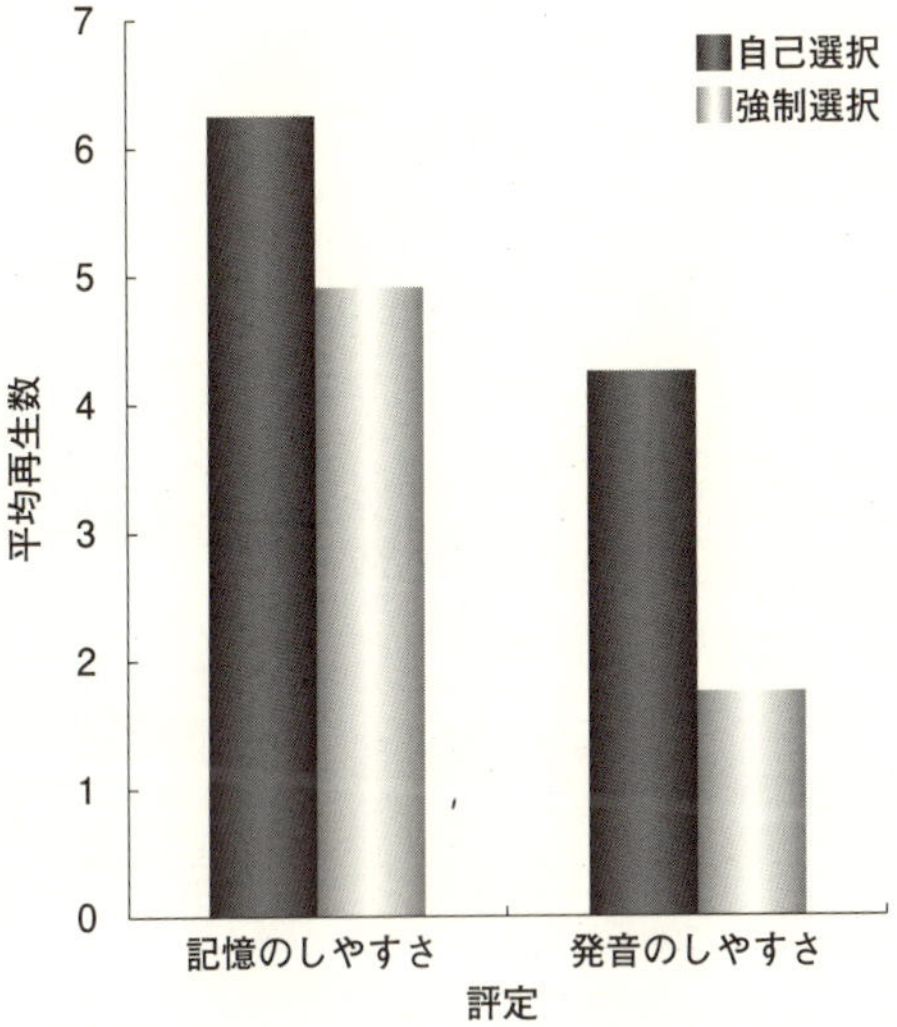

図1　評定課題別にみる選択様式ごとの平均再生数
なお、このデータには選択した単語のみが用いられており、選択されなかった単語は除外している。

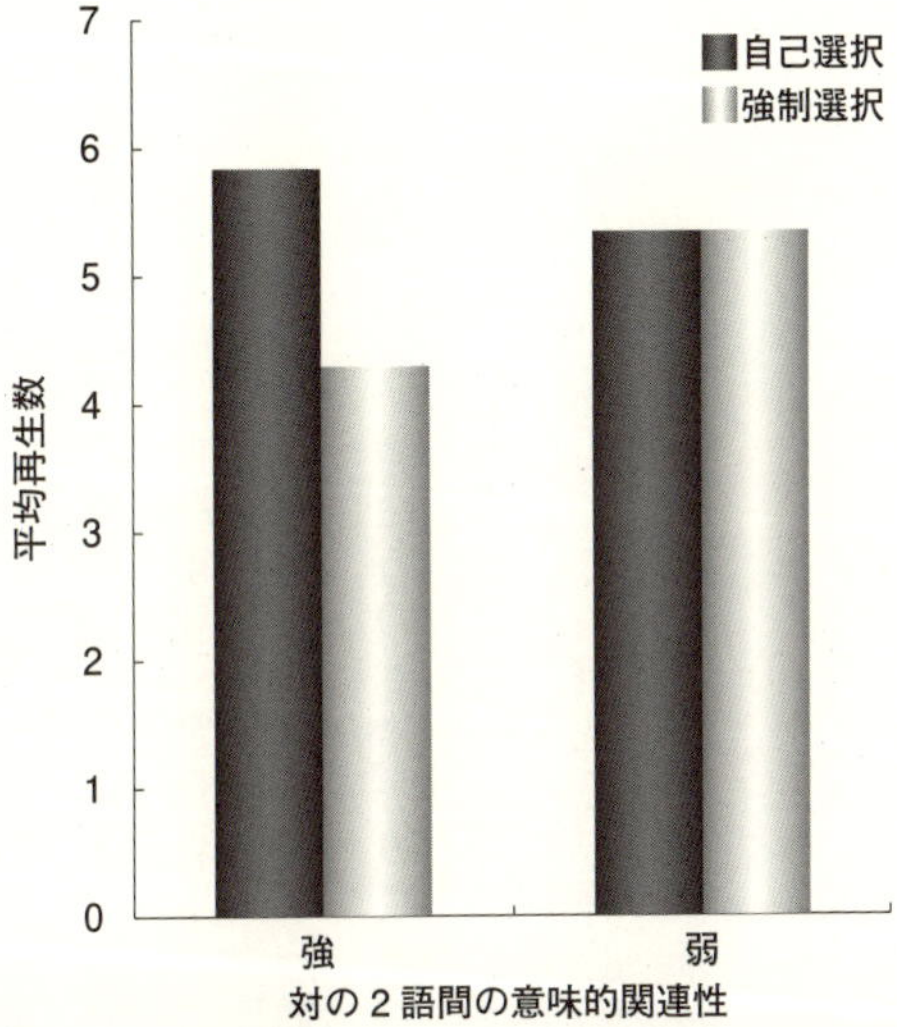

図2　意味的関連性別にみる選択様式ごとの平均再生数
なお、このデータには選択した単語のみが用いられており、選択されなかった単語は除外している。

る。

筆者らはこの結果に注目して、選択候補間の意味的関連性の強弱が自己選択効果とどのように関わっているのかを調べた。そこで、選択した単語が思い出せた数だけではなく、選択しなかった単語と一緒にペアで思い出せた割合（対再生率）を求めた。その結果が図3である。これを見るとわかるように、対再生率は意味的関連性の強い自己選択条件だけが極端に高い。このことから、以下のようなことが考えられる。すなわち、実験参加者は自己選択条件ではどちらを選択するべきかペアの二単語を比較する。このとき、意味的に関連していると、結果的に二語がまとまって記憶される。そして、思い出す際に選択しなかった方の単語が頭に出てきたら選択した単語も芋づる式に思い出されるのである。しかし、意味的な関連性が弱いと二語をまとめて記憶することは難しい。したがって、選択しなかった単語が思い出せても肝心の選択した単語も一緒に思い出せるとは限らないのである。一方で、強制選択条件では、意味的な関連性の強弱に関わらず、そもそも実験参加者は○印がつけられている単語しか見ない可能性が高い。そうだとすれば、選択した単語を直接思い出す以外に方法はない。これらをまとめると、意味的に関連しているペアを自己選択する場合のみ、思い出す際に選択しなかった単語の利用が可能となり、それが結果的に選択した単語を思い出すことにつながるというわけである。

この筆者らの着眼点を、ペアの二語が自己選択によって結び付けられ（結合処理され）、そ

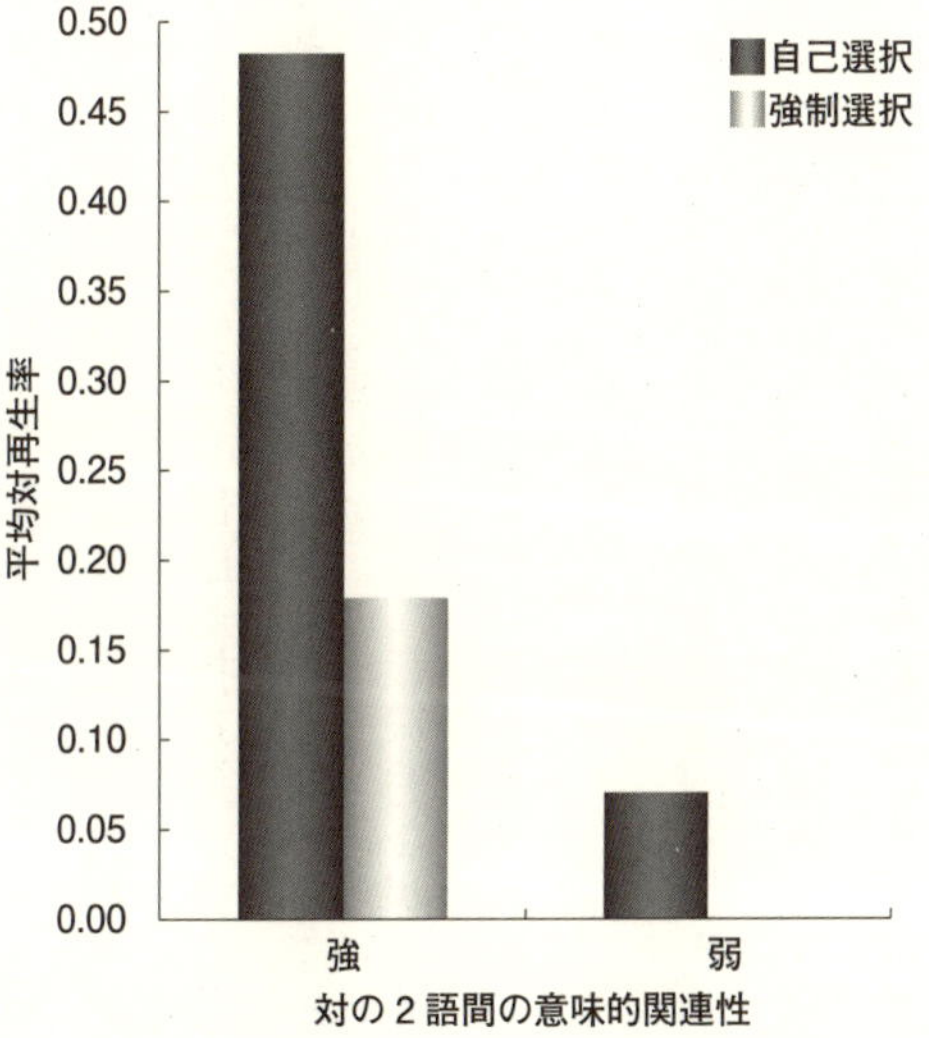

図3　意味的関連性別にみる選択様式ごとの対再生率

このデータは思い出せた全ての単語のうち、選択した単語と選択しなかった単語が一緒にペアで思い出せた数の割合を示す。したがって、最大値は0.50となる。

なお、意味的関連性の弱い強制選択条件にバーが見られないが、その理由はペアによる再生がなく、対再生率が0.00となったためである。

れが記憶促進につながるという意味から「結合処理説」と呼ぶことにしよう（文献2）。手前味噌ながら、この結合処理説は比較的うまく、かつシンプルに実験の結果を解釈することができる。しかも、図2の実験結果だけではなく、ここまで紹介した実験結果もうまく説明できる。というのも、図1の実験もペアの二語は意味的関連性が強いものどうしであった。これらのことから、どんな基準で選択するかに関わらず、選択候補間の意味的関連性が強いと自己選択条件で結合処理が生じ、自己選択効果が得られることになる。また、この結合処理説は、日本史が好きな生徒の例についても当てはめることができる。ある史実とそれに関わる人物との関係や、史実と史実の因果関係に意味的な関連性を見出せるからこそ理解もできるし、結果的にテスト対策に万全を期すことができると解釈できるのである。

ところが……、話はこれで解決しないから厄介である。というのも、これまでの実験では、記憶テストの段階で、選択した単語に加え選択しなかった単語も思い出させるという手続きを取っていた。しかし、従来の自己選択効果研究では、選択した方だけを思い出させ、選択しなかった方の記憶テストも求めるという手続きは少ない。そこで、図2で行った実験とほぼ同じ手続きで、ただし記憶テストのときには選択した単語のみを思い出させるという点を変更した実験を行った。その結果が図4である。図2と同じく、左側は意味的関連性が強いペア、右側は弱いペアの結果を示している。一見してわかるように、「全て思い出す」という図2の実験

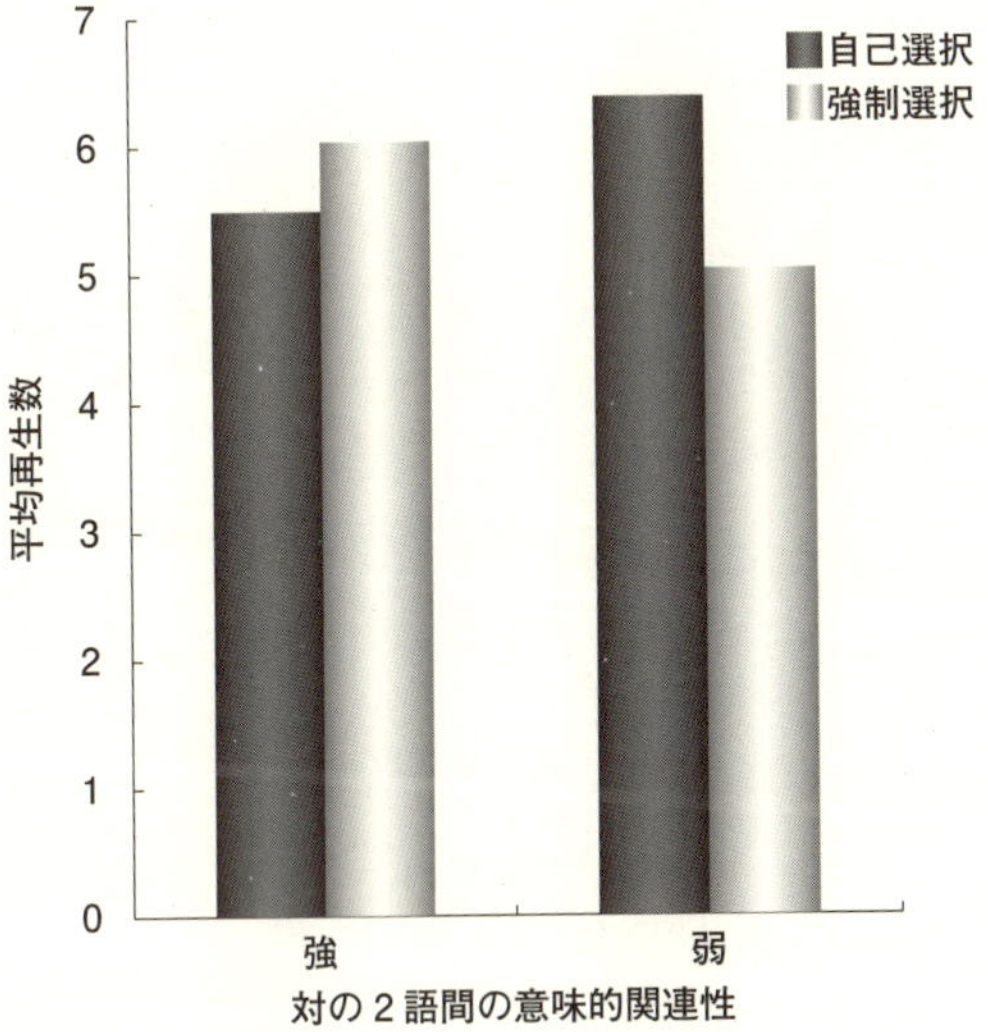

図４　選択した単語のみ思い出した場合の意味的関連性別にみる選択様式ごとの平均再生数

の結果とは全く逆の結果、つまり、「選択した単語のみ思い出す」場合だと意味的関連性が強いと自己選択効果は見られず（平均値だけで見れば、むしろ〝強制選択効果〟が見られている）、逆に、弱いと効果が現れるという結果になった。

なぜこのような結果になったのか、正直に告白するが、よくわからない。とは言うものの、いくつか考えられることはあるので、ここではその一部を紹介する。意味的関連性の強いペアを自己選択すると結合処理が起こるとすれば、「選択した単語のみ思い出す」場合では頭の中に出てきたペアの二つの単語の中から選択した単語がどちらなのかを選別するプロセスが必要になる。この選別プロセスには、必要な情報（選択した単語）を思い出すと同時に、不必要な情報（選択しなかった単語）を抑制しようとするはたらきが関与しているのかもしれない。そして、これらが同時に作用する状況では抑制のはたらきが思い出そうとするはたらきに勝る、つまり、抑制機能が思い出すことを妨げるのかもしれない。そのために自己選択効果が見られなくなるのである。ただ、これはあくまで仮説であって、仮にこの仮説が適切だとしても、なぜそのような機能があるのかは全くわからず、今後の検討課題である。

現在の筆者の考え

ここまで見てきておわかりのように、選択された情報はその選択のされ方によって覚えやすさが異なるが、なぜそのような違いが見られるのかについては判然としない。そこで、現在筆者は、記憶するかどうかに関係なく、そもそも選択を成立させるための条件とは何かを考え、その上で再度この自己選択効果を検討しようと試みている。

選択行動を遂行するためには、①何を選択するのか（選択の候補が複数ある）、②何のための選択か（選択の目的）、③何に基づく選択か（選択の基準）、④これら①から③に関連する知識の利用、あるいは似たような選択経験があればそれの利用、の四点が条件であると考えている（表1）。これらを少し詳しく説明しよう。

まず、条件①であるが、当然のことながら、選択するためには二つ以上の候補がないと成立

表1　選択行動を遂行するために必要な4つ条件

①	何を選択するのか（選択の候補が複数ある）
②	何のための選択か（選択の目的）
③	何に基づく選択か（選択の基準）
④	これら①から③に関連する知識の利用、あるいは似たような選択経験があればそれの利用

しない。選択の候補が一つしかない状況はそもそも選択場面とは言えない。ここで、ある一人の異性から「お付き合いしてください」と告白される場面を考えてみよう。もしその異性が魅力的であれば迷うことなくお付き合いすればよく、選択場面は存在しない。では、二人の魅力的な異性に同時に告白されたらどうだろうか。選択はそのような場合に生じる。しかし、複数の候補があるだけでも選択は成立しない。なぜなら何のために選択するのか、その目的が明瞭でなければ選択行動そのものが始められないからである。もし二人から同時に告白されても、すでにお付き合いをしている異性がいれば選択するも何もない。どちらか一方とお付き合いをするという目的があるからこそ選択は成立するのであって、これが条件②に相当する。条件①と条件②の両方が満たされた時点でようやく選択行動が始まる。そのためには何を基準に選択するかが重要になる（条件③）。容姿の整ったAさんがいいのか、自分のわがままを全て受け入れてくれそうなBさんがいいのかは、それぞれ「見た目」、「性格」のどちらの基準を重視するかということに他ならない。そして、こうし

た様々な条件、状況を総合的に分析し、最終決定するために利用されるのが、条件④の選択者の持っている知識や経験である。二人の候補それぞれのことを選択者自身はどれくらい知っているのか、恋人として付き合うのかそれとも非常に仲の良い友達として関係を築くべきか、もし恋人どうしとしての付き合いをするとして、自分はどのような恋愛経験をしてきて、その人にどんな言動を取ってきたのか、それを受け入れてくれそうなのはどちらか、といったことを色々考えて〝最適解〟を導き出すのである。

自己選択効果に当てはめた場合

自己選択効果は選択行動によってもたらされる現象である。したがって、この効果も四つの条件と照合させながら議論することができる。従来の自己選択効果研究では、選択した情報（単語）を記憶することが求められる。したがって、選択の目的は「覚えること」であり、条件②が成立している。また、ペアの二語が提示されていることから、条件①も成立している。そして、自己選択条件では、より効率的に多くの情報を記憶するためには各ペアのどちらを選択するべきかを考えることになる。このとき重要なのが選択の基準（条件③）をどのように設定するかである。覚えることが目的なので、これが少しでも実現できるために、ある実験参加者はより好きだと思える方を、別の実験参加者は自分自身の身の回りに結び付けやすい方を、さらに別の実験参加者はペアの単語のうち文字数が少ない方や漢字なら画数の少ない方を、それぞれ基準として設けて選択しようとする。どの基準が最適なのかは、選択の目的と、それを遂行するために与えられている選択候補も含めて総合的に判断しなければならない。その判断材料は、条件④である選択者のそれまでの経験や知識を大いに利用する必要がある。

一方、強制選択条件の場合、条件③である選択の基準がそもそも成立しない。なぜなら選択の余地はないからである。選択の余地がないということは、条件①である複数の選択候補の提示も成立していないといえる。形式的には複数提示されているものの選択するべき方が決められているわけで、実質的には覚えるべき単語が単独で提示されているのと変わらない。条件①も条件③も成立しないとすれば、それに関わる知識や経験もほとんど不要ということになり、条件④もほとんど関与しないことになる。唯一、条件②の「選択の目的」だけは成立する。もっとも、「選択」がないだけに厳密な意味では条件②も成立しないことになるが、「(選択も含めた)ある行動の目的」と広義に解釈すると、与えられた単語を覚えることが目的ということになる。したがって、筆者の新たな視点に沿って自己選択効果を再解釈するなら、選択を成立させるための四つの条件のうち、自己選択条件ではすべての条件が、強制選択条件では条件②の「選択の目的」のみが、それぞれ当てはまり、その差がこの効果を生じさせているということになる。

さらに、この新たな視点を図１の「記憶（発音）のしやすさ」に基づく実験や結合処理説と比較してみよう。記憶（発音）のしやすい方を選択するという教示は、条件②である選択の目的と、条件③である選択の基準を実験者が指定していると言い換えることができる。自己選択条件では、条件②や条件③に基づいて選択候補を比較、決定することになるが、このときに付随的に候補間の単語を結合する可能性がある。一方の強制選択条件では、条件②や条件③が実験者側で指定されているかいないかに関わらず条件③はそもそも成立せず、当然のことながら結合も生じにくくなると考えられる。この差が後の記憶テストにおける条件間の違いとして現れるわけである。

選択されなかった情報の記憶

ここまでは選択した情報について、選択のしかたが後の記憶保持にどのように影響するかについての話であった。ここからは、選択されなかった情報（非選択情報）の記憶についてである。冒頭でも触れたが、選択される情報があるということは選択されない情報もある。選択者にとって重要だったり必要だったりする情報が選択されるのだとしたら、選択されない非選択情報は重要でも必要でもない〝無価値な〟情報なのか、といえば必ずしもそうではない。その例が犯罪現場の目撃である。

もし夜道を一人で歩いているとき、あるいは一人暮らしの人が家に帰ってきたときに、強盗に襲われるとする。もちろん、あってはならないことだし経験したくない出来事ではあるが、悲しいかな、こうした犯罪は毎日のように起こる。あなたが被害者だとして、強盗はナイフを持って襲ってきたとしよう。突然のことに最初は驚くが、すぐに事態が飲み込めたあなたは恐怖心に駆られ、強盗に言われるままに財布を渡す。犯人は財布を奪った後、ただちにその場を走り去る…。数十分後、現場に駆けつけた警察官にそのときの様子を聞かれたあなたは、犯人の特徴を説明しようとするが、そのときどれくらい詳細に思い出せるだろうか。身長は？　着ていた服は？　脅し文句に訛りがあったか？　顔の特徴は？　こういった情報は少しでも多く、詳細で、正確に思い出せることが犯人逮捕につながる。この文章を読んでいるあなたはそこそこ正確に思い出せるのではないかと思うかもしれない。しかし、実際には思い出せないことの方が多い。その理由は恐怖心によって心の余裕がなくなるためと考えられるが、それ以外にもうひとつ、ナイフなどの凶器があるとそれに集中してしまい、それ以外のことが目に入らなくなるということが挙げられる。これを凶器注目効果という。したがって、先ほど「思い出せないことの方が多い」と書いたが、より正確には、脅し道具として何が使われたかは覚えていても、それ以外のことはそもそも覚えられないということになる（文献3）。

凶器注目効果は、恐怖や不安、あるいは生命を脅かすと判断されるものに即時対応ができるようにするために自然とそれに集中してしまうと考えると非常に適応的といえる。しかし、われわれが注目するのは必ずしもネガティブな事態を引き起こす事項ばかりではない。この章の最初にも書いたように、おススメの花に目を向けること、街中でタイプの異性を見かけたらしばらくその人を見続けることなどは、ある情報に注目している事態であるが、いずれもネガティブではない。こうした事態に共通しているのは、自ら情報を選択しているのではなく、どちらかというと人に情報を選択させている点である。これはまさにこれまで書いてきた強制選択事態に他ならない。そして、強制選択下では選択しなかった非選択情報の記憶はかなり曖昧であることが筆者の実験から明らかになっている。

この実験では、ペアの二語を自己選択させるか強制選択させるかで分け、その後ソースモニタリングテストという記憶テストを行っている。ソースモニタリングテストでは、一語ずつ単語が実験参加者に提示され、各単語のソース（情報源）について、選択した単語なのか、選択しなかった単語なのか、それとも覚えるときには提示されなかった単語（未提示語）なのかを三択で選ばせる。すると、実際に選択した単語、実際に選択しなかった単語、未提示語、それぞれのソースに対して、「選択した」、「選択しなかった」、「提示されなかった」という三つの反応が得られる。したがって、全部で九つの反応が得られることになる。表2は自己選択条件、強制選択条件別の実験結果を示しているが、特に選択しなかった語（表では非選択語と表示）をソースとする各反応率に注目してもらいたい。すると、自己選択条件では、正確に「選択し

表２　ソースモニタリングテストの結果（平均同定率）（％）

	ソース					
	自己選択			強制選択		
反応	選択語	非選択語	未提示	選択語	非選択語	未提示
選択した	**75**	13	7	**78**	10	6
選択しなかった	18	**70**	13	15	**40**	16
提示されなかった	7	16	**80**	7	50	**78**

註）太字の数値は平均正同定率を、それ以外は全て平均誤同定率を表す。

なかった」と判断している割合が高いのに対し（七〇パーセント）、強制選択条件ではあまり正確ではなく（四〇パーセント）、「提示されなかった」と判断する率が高くなっているのが分かる（五〇パーセント）。つまり、ある情報に強制的に選択させられることで、それ以外の情報は覚える段階でシャットアウトしてしまう可能性が高くなるわけである。これは凶器注目効果に一致し、なおかつ、それは凶器といったネガティブな情報が強制的な注目をさせるのではなく、何か目立つ情報であれば何でも生じうる現象であることが示唆されるのである。

今後の展開

自己選択効果は日常生活におけるわれわれの行動の多くを考えるきっかけを与えてくれる良い見本といえる。特にこの効果の特徴は、われわれが営んでいる多くの生活場面をワンシーンとしてではなく、選択情報と非選択情報に分けること、そして分け方には積極的な選択と受動的な選択があることを教えてくれ、それぞれに相当する情報の記憶が必ずしも一様ではないことを示しているところだろう。今後は、こうした情報の区分を記憶だけではなく、物事の判断の際の認知プロセスや、感情といった別の分野に応用していくことが考えられる。実際、この自己選択効果は知覚分野における注意研究と共通する。知覚（注意）と記憶はどちらも認知心理学の枠組み内で語られるが、両者を融合する研究は少なく、展開が期待できる。

また、われわれは同時に多くの複数の情報と接しながら生活をしている。しかし、これまでの研究（特に記憶研究）では、複数の情報が同時に提示される事態やそれに基づいた実験手続きは極めて少なかった。それゆえ、複数情報間の意味的、知覚的関連性が記憶保持とどのように関係するのかとか、そうした組み合わせの記憶といったことは不明な点が多い。これらのうち、組み合わせの記憶に関しては、現在、筆者は記憶結合エラーという、自己選択効果とはまた異なる現象に注目して研究を進めている（文献４）。紙面の都合上、この現象についての説明は割愛するが、自己選択効果との融合を想定している。

最後に、自己選択効果それ自体の研究の発展も望まれる。思い出し方によって自己選択効果が見られたり見られなかったりする実験を紹介したが、この結果も含めまだまだ検討の余地はある。こうしたテーマを一つずつ検討することで、いずれはわれわれの生活場面で活用されている認知メカニズム（特に記憶のプロセス）の解明が期待される。そしてそれを様々なところで応用する足がかりを提供することが、さらに大きな目標となる。

文献

1　Perlmuter, L. C., Monty, R. A., & Kimble, G. A.（1971）. Effect of choice on paired-association learning. *Journal of Experimental Psychology, 91*, 47-53.

2　Hirano, T., & Ukita, J.（2003）. Choosing words at the study phase: The self-choice effect on memory from the viewpoint of connective processing. *Japanese Psychological Research, 45*, 38-49.

3　Loftus, E. F., Loftus, G. R., & Messo, J.（1987）. Some facts about "weapon focus". *Low and Human Behavior, 11*, 55-62.

4　月元敬・平野哲司「記憶結合エラーに対する二つの説明モデルの明確化及び新しい過程分離手続きの提案―初等集合論を用いて―」、『心理学評論』、二〇〇九年、第五二巻、二〇七―二二七。

第2章　ネズミはうつ病になるか？

土江伸誉

はじめに

ストレスの多い時代である。そのせいか、うつ病に悩む人が増えているという。うつ病は、決して特別な病気ではない。最近マスコミでよく用いられるようになった「心の風邪」との形容は言い得て妙であり、誰にでも発症する可能性がある。ただ、ありふれた病気だからといって、甘く見るわけにはいかない。一九九八年以降、わが国の年間自殺者は、連続して三万人を突破し続けている。その背景疾患としてうつ病が推測されることから、この病の発症メカニズムや病態・病理の解明、更に、治療法（薬）の開発は、患者個々人の幸福のためにはもちろん、社会的な観点からも切望されるようになった。

心理学において、うつ病は重要な研究対象であり続けてきた。症例研究や治療技法の開発、統計的な実態調査は言うにおよばず、基礎研究領域では、主として動物を対象とした実験的研究も盛んに行われてきた。本章では、筆者らが考案した新しいうつ動物モデルについて紹介したい。

水迷路学習

水迷路学習というマウス・ラットを被験体として実施される実験課題がある（文献1）。迷路といっても、複雑に入り組んだ通路ではなく、子どもが水遊びに使うような直径一〜二メートルのタライ状のプールである。ここに深さ数十センチ程度に水を満たす。ネズミにとっては結構な深さであり、足は底に届かない。プールの中には、水面下のごく浅い位置に一か所だけ、ネズミが休息できるプラットフォームを設置しておく。ただし、水はミルクや毒性のない塗料を加えて濁らせてあり、水面上からプラットフォームは見えない。

初めてプールに放たれた被験体は、パニックに陥ったかのようにもがくが、やがて泳ぎ出し、偶然にプラットフォームへ到達する。また、あらかじめ定めた制限時間内に被験体がプラットフォームへ到達しなかった場合は、実験者がプラットフォームへ誘導してやる。このような訓練試行を反復すると、プールに放たれたネズミは、プラットフォームを探索し、いち早くここへ向かうという適応的な対処行動を獲得する。

心理学を含む脳・神経科学諸領域では、水迷路学習は、マウス・ラットの空間認知機能を検討するための代表的な方法のひとつとして位置づけられており、膨大な数の研究で使用されてきた。確かに、この課題の成績には、空間認知機能の優劣が反映される。しかしながら、少し考えれば気がつくように、空間認知機能が正確に測定されるためには、いくつかの条件が満たされていなければならない。

まず、当然のことながら、被験体は泳げなければならない。そして、水に濡れることを嫌い、陸地を求めて泳ぐよう動機づけられていなければならない。いくら空間認知機能に優れていても、泳げなければ課題を解決しようがないし、動機づけが低ければ空間認知機能は学習成績へ反映されないだろう。大学入試において、鉛筆が持てなければ答案が書けないし、受験態度が真剣でなければ試験の得点に実力が反映されないのと同じである。普通は、鉛筆が持てない受験生も、将来のかかった試験に真剣に取り組まない受験生もいない。同様に、泳げないネズミも、下手をすると溺れかねない水迷路という状況から逃避したくないネズミも、いる筈がないと信じられてきた。

しかしながら、筆者らの研究で、水迷路学習課題の難度をある水準以上に設定すれば、一部の被験体が、プラットフォームを探索していち早く逃避するという適応的対処行動の学習を徐々に放棄し、遂にはほとんど動かなくなってしまうことが明らかとなってきた。

難易度を操作した水迷路学習実験

筆者らは、マウスを被験体として、課題の難易度を操作した水迷路学習実験を行った。まず注目したのは、プールの周囲の環境であった。被験体は、プールの周囲に配置された物品（実験台、薬品棚、壁の色や模様など）を手がかりに、プラットフォームの設置場所を学習・記憶していると推測される。そこで、プールの四方を特徴のない白い壁で囲むことにした。実際は、それぞれの壁についた小さな傷や照明の当たり具合によって、方向を定位することが全く不可能というわけではなかったが、目立つ手がかりを意図的に配置する通常の場合と比較すれば、格段に難しい条件を設定した。

次に注目したのは、プラットフォームのサイズであった。用いるプールが同じであれば、設置するプラットフォームが小さければ小さいほど、課題は難しい筈である。そこで、大きさが異なる三種類の円盤型プラットフォームを準備した。一つ目は、出鱈目に泳ぐだけで偶然助かることが十分に見込める直径二〇センチの大プラットフォーム。二つ目は、これよりやや小さい直径一五センチの中プラットフォーム。そして三つ目は、効率的な逃避のためには設置場所を正確に覚えるしかないと考えられる直径一〇センチの小プラットフォームであった。小プラットフォームを設置した場合は、プールの周囲の手がかりが制限されているにも関わらず、プラットフォームの場所を学習・記憶しなければ速やかな逃避が達成できないという非常に厳しい条件となる。

被験体は、Ｃ５７ＢＬ／６Ｎという系統のマウス七五匹であった。彼らを、二五匹ずつ三群に分け、各群の被験体に、大、中、小いずれかのプラットフォームを設置した直径約一メートルのプールで、一日に五回の訓練試行を八日間連続で与えた。各試行では、プールの縁の様々な位置から、マウスを水の中へ放って自由に水泳させ、プラットフォームへ到達するまでの時間（逃避潜時）を測定した。一試行の制限時間を六〇秒とし、この時間内にプラットフォームへ到達しなかった場合は逃避失敗と見なし、逃避潜時は六〇秒として記録した。

図１は、八日間にわたる訓練期間中の平均逃避潜時の推移を群別に示したものである。当然のことながら、訓練期間全体を通じて、逃避行動は、大きなプラットフォームを与えられた群ほど良好であった。一五センチ群と二〇センチ群では、大多数の被験体が、プールへ放たれると、速やかにプラットフォームへ向かうようになった。これに対し、一〇センチ群では、良好な逃避行動を示す被験体がいた一方で、著しく学習成績が悪く、ほとんど泳がなくなってしまった被験体が含まれていた。

表1　各群の「上位組」、「中位組」、および「下位組」の出現数と構成比率

群名（匹数）	被験体のタイプ		
	上位組	中位組	下位組
10センチ（25）	9 36%	8 32%	8 32%
15センチ（25）	22 88%	3 12%	0 0%
20センチ（25）	25 100%	0 0%	0 0%

そこで、性質の異なる被験体が混在していることを客観的に示すために、以下に述べる基準で、各群の被験体を三つのタイプに分類した。逃避訓練の最終日において、実施した五試行全てが失敗試行であった個体を「下位組」、一方、これとは対照的に、五試行全てで六〇秒以内にプラットフォームへの逃避を成功させた個体を「上位組」と定義、命名した。それ以外の個体は「中位組」とした。表1は、これら三タイプの出現数と構成比率を群別にまとめたものである。興味深いことに、一五センチ群と二〇センチ群では、一匹も「下位組」が出現していない。特に、二〇センチ群では、全ての被験体が「上位組」であった。ところが、一〇センチ群では、「下位組」が、「上位組」とほぼ同数、無視できないほどの高確率で出現した。つまり、「下位組」の出現率は、課題の難度によって規定されていたのである。

図2は、一〇センチ群の被験体の逃避潜時を、逃避訓練初日から被験体のタイプ別に集計し直して示したものである。逃避訓練の初日と二日目では、タイプ間の差は見られなかったが、三日目

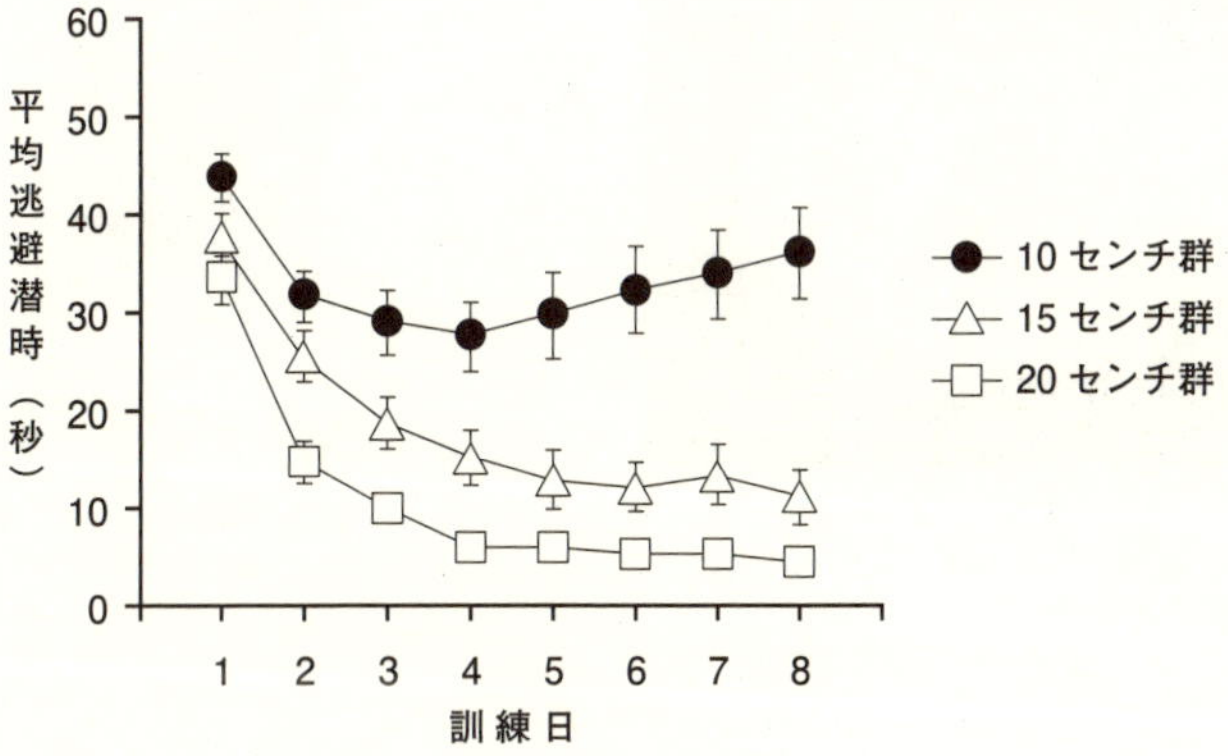

図1　大きさが異なるプラットフォームを設置したプールで訓練した各群の学習成績

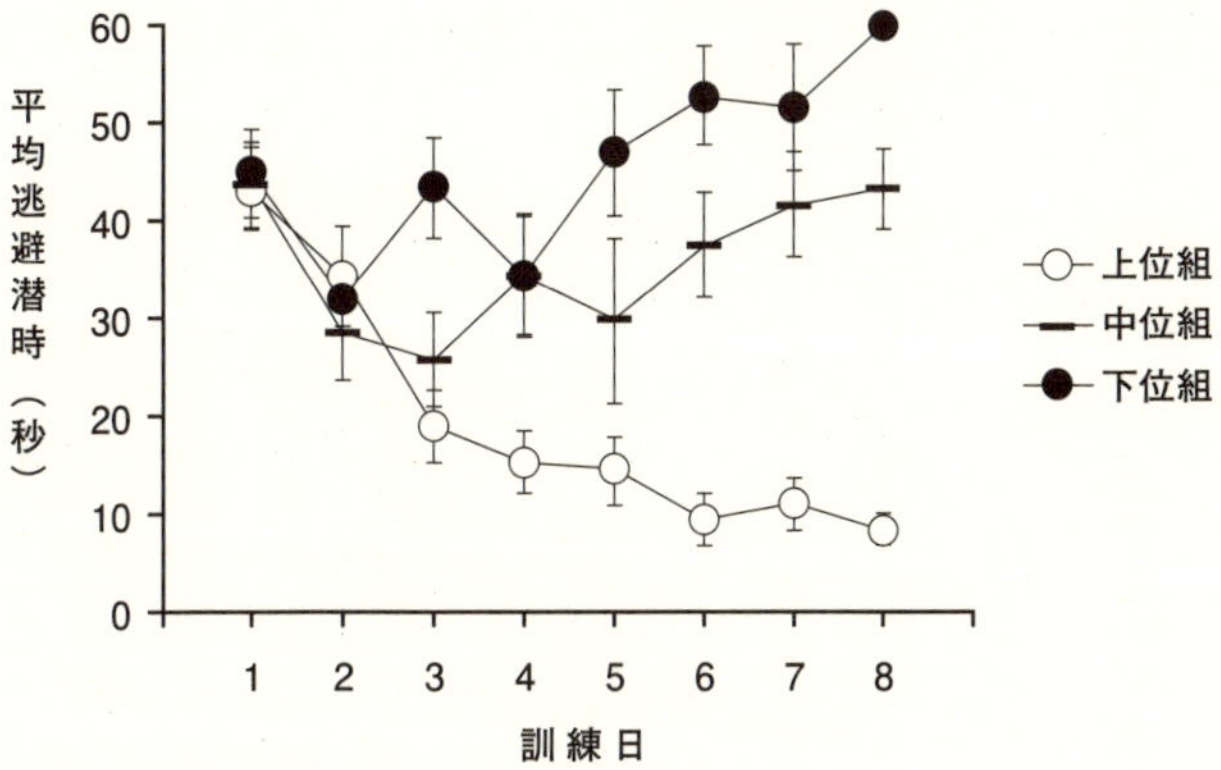

図2　10センチ群における「上位組」、「中位組」、「下位組」の学習成績

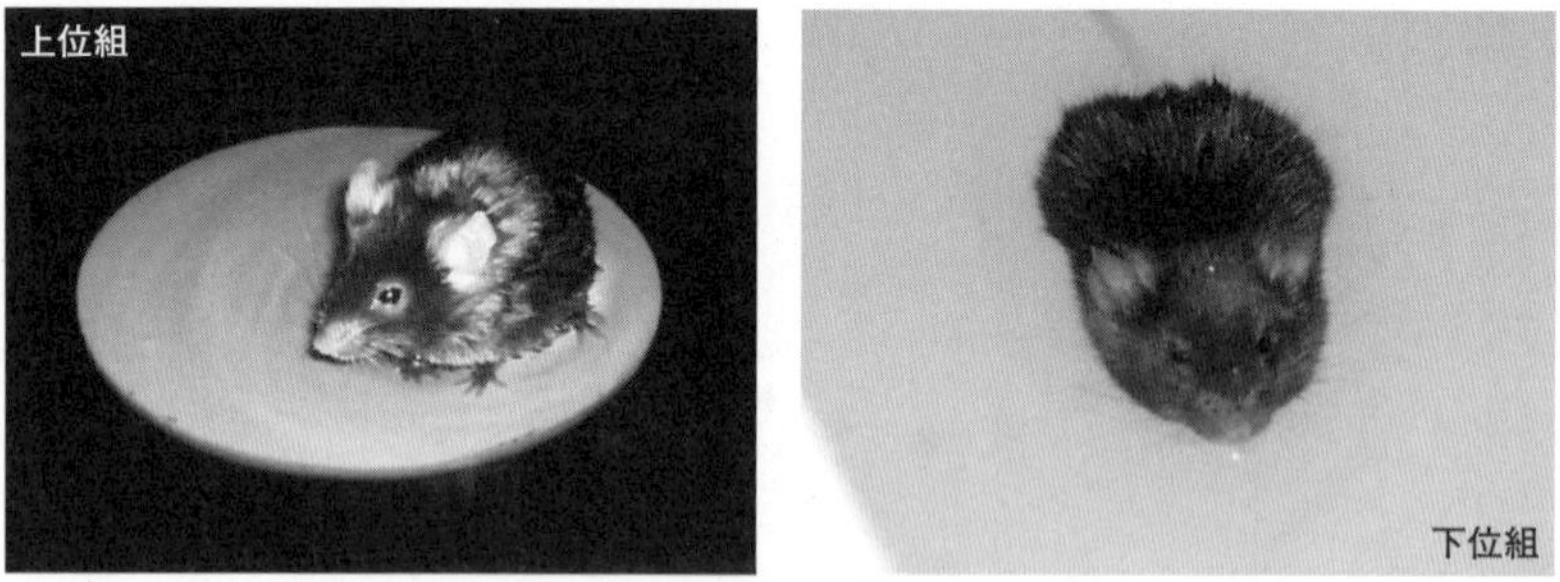

図３ 「上位組」（左）と「下位組」（右）の様子
「上位組」は良好なプラットフォームへの逃避を見せるが、「下位組」はプールへ放たれても、ほとんど泳がない。

に「上位組」と「下位組」の差が現れ、以後、両者の差は拡大する一方であった。

なぜ、「下位組」は、陸地を目指すことを諦めてしまったのだろうか？ プラットフォームの場所が覚えられなくても、がむしゃらに泳ぎ回れば済むことである。彼らにとって、深く水が満たされたプールは、生存を脅かしかねない危険な状況の筈である。そして、プラットフォームを探索し、いち早くそこへ逃避することこそが、生存のために最も有利である筈なのだ。なのに、それをしようとしない。適応的な対処行動の学習を困難であるが故に放棄するといった「下位組」の特徴は、ヒトのうつ病患者の姿を髣髴《ほうふつ》とさせるものであった（図3参照）。

うつ動物モデルの妥当性 ——三つの判定基準

筆者らは、「下位組」を、うつ病の動物モデルになり得ると考えた。他にも様々な考察が可能であろうが、心理学では、学習性絶望という有名なうつ動物モデルが既に発表されており、これとの類似性が見出せたからである。学習性絶望とは、自分の力では回避も逃避もできない嫌悪刺激を経験した動物は、後に与えられる学習課題において著しい成績の低下を示すという現象である（文献2）。「下位組」は、逃避・回避不可能な嫌悪刺激が与えられたわけではないが、学習課題に適切に対処できなくなるという点では一致している。

うつ病を含む精神疾患の動物モデルは、伝統的に、表面的妥当性、構成概念妥当性、および予測妥当性の三点で評価されることが多い（文献3）。これまで、この三つの妥当性の全てを高い水準で満たすうつ動物モデルは開発されていない。それでは、「下位組」は、うつ動物モデルとして、どの程度妥当だと言えるだろうか？　順に吟味してみたい。

①表面的妥当性　表面的妥当性とは、文字通り動物モデルの表面的な特徴が、モデル化しようとする疾患の特徴と類似しているかどうかという基準であり、行動レベルでの表現型の問題である。うつ動物モデルの場合、アメリカ精神医学会が定めた診断マニュアルであるＤＳＭ－Ⅳ－ＴＲに列挙されているようなうつ病の症状（エピソード）が、動物においてどれだけ多く、また忠実に再現されているかが、この妥当性の判定基準となる。もちろん、過度の罪悪感や自殺企図といったうつ病患者が示す症状の一部は、動物で再現することは不可能であり、うつ動

物モデルの表面的妥当性は、認知症や薬物依存といった患者の行動特徴が比較的単純な精神疾患の動物モデルと比べると低くならざるを得ない。

しかしながら、適応的な対処行動の学習を放棄するという「下位組」の行動特徴は、うつ病患者の症状とよく似ており、表面的妥当性は高いと言えそうである。我々は、動物たちのことを、どんなに過酷な状況に置かれても、生存のためには必死になって努力を続ける存在であるというように、知らず知らず思い込んでいる節がある（文献4）。けれども、この理解は、どうやら間違っているようである。やればできる筈の課題に取り組まなくなり、あるいは取り組みたいのかも知れないができなくなり、あまり動かずに過ごすといった消極的な対処に終始する「下位組」の姿は、いかにも「人間的」であると言えないだろうか？

②構成概念妥当性　構成概念妥当性とは、モデル化しようとする疾患の発症メカニズムや病態・病理が、動物においても再現されているか否かという基準であり、主として疾患の背景にある生物学的基盤に関する問題である。うつ病に限らず、精神疾患は、脳内の何らかの異常によって引き起こされる。うつ病患者と類似した表現型を動物の行動レベルで再現することに成功した場合、その背景に、うつ病患者において生じている脳内の異常と類似した変化が対応して認められなければ、その動物モデルの構成概念妥当性が高いとは言えない。ただし、うつ病に関

しては、その病態・病理が不明瞭であるため、動物の脳内にどのような変異が認められるべきかという共通理解は得られていない。

今のところ、うつ病患者の脳内に想定されている変化のひとつとして最もコンセンサスが得られているのは、セロトニンという神経伝達物質の減少である。これは、自殺者の死後脳でセロトニンの代謝物の減少が認められること、更に、臨床的に有効な抗うつ薬の多くが、脳内セロトニン濃度を上昇させる作用を持っているという事実によって支持されている。したがって、動物においても、脳内セロトニンの減少が観察されることが構成概念妥当性を判定するひとつの目安になる。

筆者らは、セロトニンをはじめとする脳内モノアミン類の濃度を、「下位組」と「上位組」で定量し、両者間で比較した。その結果、セロトニン濃度は、その神経核である縫線核が存在する脳幹、視床・中脳、および大脳皮質において、「下位組」が「上位組」より低い値を示した。また、セロトニンの代謝物の濃度に関しても、脳幹および視床・中脳において同様の傾向が見られた。セロトニン以外のモノアミン類については、「上位組」と「下位組」であまり差は見られなかった。つまり、「下位組」の脳内でも、ヒトのうつ病患者で起きていると推測される生化学的な変化が生じている可能性が示唆された。

③予測妥当性　予測妥当性とは、動物モデルを用いて治療的処置の効果を検討した際、その結果がヒトにも当てはめられるか否かという基準である。うつ動物モデルの役割のひとつは、新しい抗うつ薬候補のスクリーニング（選別検査）である。人間に投与する前に、動物で試して治療効果を予測しようというわけだ。うつ動物モデルの場合、表面的妥当性には限界があり、構成概念妥当性の理想型に共通の見解がないため、予測妥当性は、最も重要なうつ動物モデルの評価基準であると言えるかも知れない（文献5）。ただし、そのうつ動物モデルが、未知の化合物に対して何の効果も検出しなかった場合、それが、モデルの予測妥当性が低いためなのか、その化合物に抗うつ効果がないためなのかの判定は不可能である。したがって、「未知の薬物や処置の抗うつ効果を評価できるか否か」が本来的な予測妥当性の意味ではあるが、実際は、「既存の抗うつ薬や抗うつ処置に対して感受性を持つか否か」という基準である。もちろん、抗うつ効果のない薬物や処置に対して感受性を示さないことも、予測妥当性が高いうつ動物モデルの要件である。

筆者らは、「下位組」の予測妥当性を検証するために、いくつかの薬物に対する感受性について検討している。「下位組」のうつ的な特徴は、適応的学習の放棄によって定義されているため、抗うつ効果は、その回復によって判定される。実験結果の例を図4に示した。新しいタイプの抗うつ薬である選択的セロトニン再取り込み阻害薬（ＳＳＲＩ）あるいはセロトニ

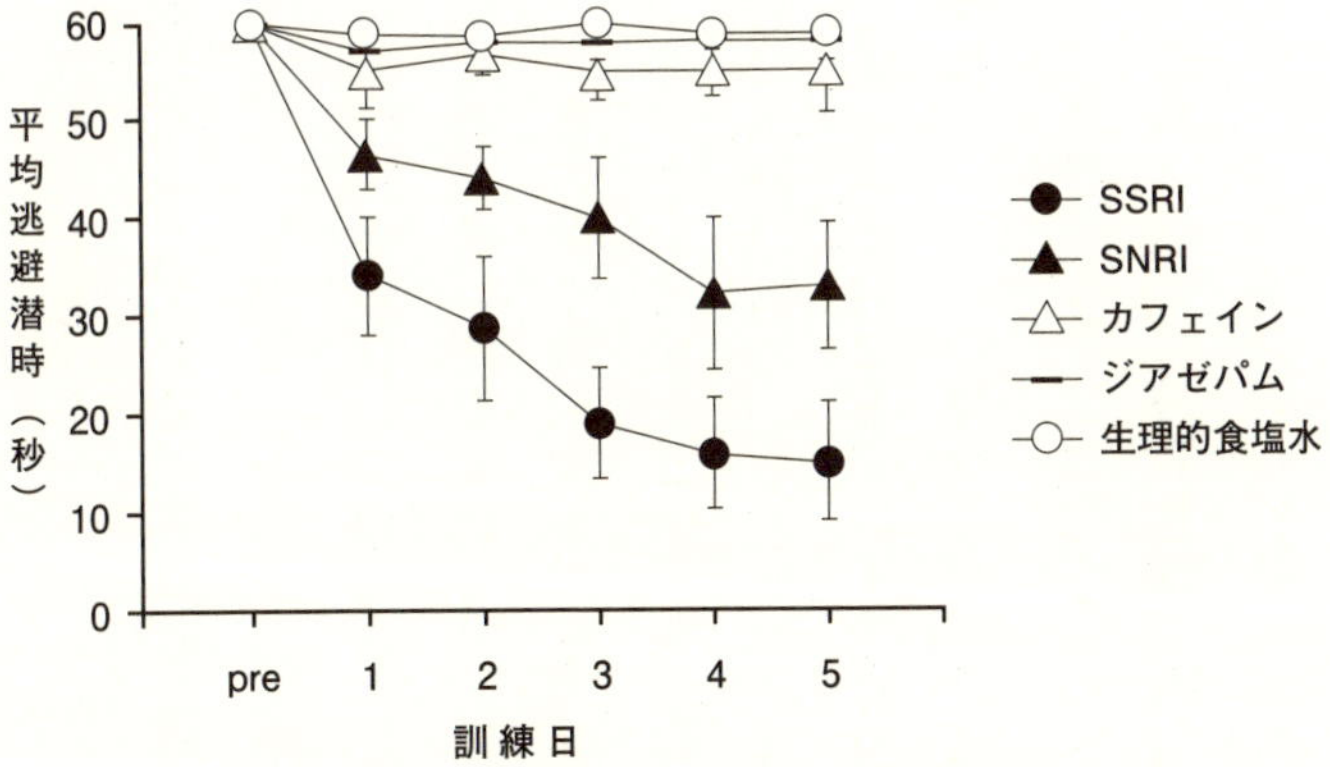

図4　「下位組」の抗うつ薬に対する感受性
SSRI、SNRI、カフェイン、ジアゼパム、または生理的食塩水を投与して実施した逃避訓練の結果。

ン・ノルアドレナリン再取り込み阻害薬（SNRI）を「下位組」に投与して逃避訓練を継続した場合に、適応的対処行動の学習が復活することが明らかとなった（文献6）。一方、抗不安薬であるジアゼパムや覚醒作用があり活動性を亢進させるカフェインを投与しても、「下位組」の学習成績は改善しなかった。つまり、「下位組」が課題をこなせないのは、不安であるからでも眠いからでもないようである。また、多くのうつ動物モデルが予測妥当性の検証に用いてきた三環系抗うつ薬であるイミプラミンに対しても、「下位組」は明確な感受性を示した（文献7）。

「上位組」と「下位組」を分けるもの

以上、三つの観点から分析すると、「下位組」のうつ動物モデルとしての妥当性は概ね高く、抗うつ薬スクリーニングのためのツールとしても有用だと言えそうである。もちろん、うつ動物モデルとしての妥当性の高さは、「下位組」にヒトのうつ病患者と同じ状態が誘発されていることを必ずしも意味しない。しかしながら、「下位組」が、ヒトのうつ病の病態を少なくとも部分的に再現していることは確かであり、適応的な「上位組」と比較して、何らかの病的な状態にあることは間違いなさそうである。健常な被験体が、どのようなメカニズムによって病的な「下位組」へと変化していくのかは、「下位組」がうつ動物モデルとして妥当か否かは別にしても、実に興味深い問題である。

筆者らがうつ動物モデル実験の被験体としたC57BL／6Nは、近交系と呼ばれるマウスであった。近交系とは、親子間または兄妹間の交配を何十世代も継続して遺伝的形質を均一化した系統であり、ヒトで言えば一卵性双生児に相当する。このため、「上位組」と「下位組」の差を遺伝的な違いによって説明することはできない。例えば、生まれつき、空間認知機能が優れていたり動機づけ水準が高かったりした個体が「上位組」になり、そうでなかった個体が「下位組」になったというわけではない。

また、全ての被験体は、誕生から実験に用いられるまで、十分に統制された環境で大切に飼育され、可能な限り公平に取り扱われた。したがって、例外的に劣悪な環境での生活を余儀なくされた個体が「下位組」となり、そうでなかった健康な個体が「上位組」になったとも考えられない。ちなみに、体重は、「上位組」よりも「下位組」の方が若干軽くなる傾向にあったが、実験開始時点では全く差はなかった。

「上位組」と「下位組」が並行して出現するという状況をヒトに例えるならば、一卵性双生児が、全く同じ条件で育てられ、成長し、同じ学校に通い同じ授業を受けたにも関わらず、兄は優等生になり、弟は落ちこぼれてしまった、といった感じだろうか？

偶然が運命を分ける？

生まれでも育ちでもない以上、「上位組」と「下位組」の差は、水迷路学習場面における何らかの要因によって形成されたと考えるしかない。

水迷路学習場面において、被験体に逃避行動が獲得・維持されるのは、彼らが生起させる対処行動が、プラットフォームへの到達、つまり、水からの逃避という好ましい結果によって報われるからである。学習心理学では、この原理を「負の強化」と呼んでいる。「負の」とは、嫌悪的な刺激（この場合は水）が被験体から取り除かれることを意味し、「強化」とは、行動の生起頻度が高まることを意味している。

水迷路学習課題を与えられたネズミは、どうすればプラットフォームへいち早く到達できるか、試行錯誤するのであろう。訓練開始直後は、逃避の成否を偶然に頼るしかない。ただ、通常の水迷路学習であれば、プールの周囲に手がかりが豊富に配置してあるため、がむしゃらな水泳による逃避は、やがて空間情報を利用した効率的な逃避へと置き換わっていく。ところが、プラットフォームが小さければ、がむしゃらな水泳は、なかなか負の強化を受けにくい。しかも、プールの周囲に手がかりが少なければ、プラットフォームの設置場所が覚えにくく、空間情報を利用する対処方略へ変えていくことも難しい。

筆者らは、「下位組」が出現するメカニズムを次のように考えている。

逃避訓練のはじめの段階で、頑張って泳ぎ、たまたまそれが報われた個体は、引き続き探索的な水泳を続け、その過程で、プラットフォームの場所を学習・記憶し、より適応的な逃避行動を獲得する。一方、頑張って泳いだが、たまたま報われなかった個体は、がむしゃらに泳いでプール内を探索するということをしなくなり、その結果、プラットフォームの場所を学習・記憶する機会を逃し、一種の絶望状態に陥る。つまり、「上位組」と「下位組」の違いは、プラットフォームの位置を十分に学習・記憶し終えるまで、探索的な水泳が維持されるだけの強化を受けられたか否かの違いに過ぎないのではないか?

この仮説の妥当性は、実験データからも支持される。逃避訓練の初期において、失敗率（自力でプラットフォームへ到達できなかった確率）の高かった個体が「下位組」となり、低かった個体が「上位組」となる傾向にあった。特に、逃避訓練三日目の失敗率が高い個体が「下位組」となる確率が高かった。この時期は、全ての被験体が、プラットフォームの設置場所を十分に学習・記憶できておらず、逃避の成否は運否天賦に委ねられている。つまり、この時期を、偶然の力を借りて何とか乗り切れた被験体は「上位組」となり、運悪く乗り切れなかった被験体が「下位組」となるようなのだ。

実験者は、水迷路学習の課題の難度を上げることによって、「下位組」が出現する確率を操作することが可能である。しかしながら、特定の個体を狙って「上位組」にしたり「下位組」にしたりすることは、どうやらできないようである。

「負け組」へのエール

ところで、現在は格差社会だと言われる。功成り名遂げ、ひと財産築いた成功者たちは、世間から尊敬と羨望と嫉妬の念を込めて「勝ち組」と呼ばれる。「勝ち組」は、ともすれば、その成功の要因を、自身の才覚と努力に帰属し、誇り、驕《おご》りたがるものである。一方、努力しても報われず、人生に絶望し、時にうつ病に苛まれさえする者たちは、自身の才能のなさを嘆き、努力不足を悔い、しばしば自嘲的に自らを「負け組」と呼ぶ。

しかし、である。生まれ持った才能が同じでも、費《つい》やした努力が同じでも、結果が大きく異なる場合はあるのである。驕る「勝ち組」と嘆く「負け組」の差は、当てずっぽうで向かった先に、自分を救うプラットフォームがあったかなかったかの違いだけかも知れない。ならば、「勝ち組」が誇るべきもの、あるいは、「負け組」が恨むべきものは、単なる「運」に他ならない。もちろん、「勝ち組」と呼ばれる成功者たちの天賦の才や努力を否定するべきではないし、「負け組」の窮状の全てを「運」で片づけるのも適当ではないだろう。しかしながら、うつ病患者には、しばしば、過度に内罰的な原因帰属のスタイルが見られる。そんな彼らに、「負け組」になってしまった原因は、才能の欠如や努力の不足ではなく、単に運が悪かっただけかも知れないという可能性を科学的な見地から与えることは、追い詰められた気持ちを和らげ、苦痛を軽減することにつながらないだろうか？

今後の展望

うつ病は、複雑多因子疾患であり、遺伝の影響が指摘される一方で、その発症には後天的な環境要因が大きく関与している。しかも、環境要因の影響は、同一の条件に置かれた全ての人間に対し一律ではなく、各個人が、直面する個々の場面でいかに対処し、その結果をいかに認知・帰属したかによって異なる。つまり、遺伝的に等しい素因を持つ者たちが、全く同じ環境に置かれても、うつ病を発症する者と健常な状態を維持できる者とに分かれる場合がある。筆者らのうつ動物モデルは、このようなうつ病の特徴をよく模し得ている。

今後、「下位組」に適応的対処行動の学習を放棄させた要因について、また、「下位組」に生じている異変について、心理学以外の様々な観点からも検討する必要があろう。例えば、脳内の遺伝子発現状況はどうか？　神経細胞新生のレベルはどうか？　免疫系や内分泌系のはたらきはどうか？　こうした検討によって、「下位組」の特性がより明確になり、うつ動物モデルとしての妥当性も一層補強されると考えられる。近い将来、このモデルが、うつ病の発症メカニズムの解明や治療法の開発を目指す基礎研究領域において広く活用され、大いに研究を促進させることを期待したい。

文献

1　Morris, R. G. M. (1984). Developments of a water-maze procedure for studying spatial learning in the rat. *Journal of Neuroscience Methods, 11*, 47–60.

2　Overmier, J. B., & Seligman, M. E. P. (1967). Effects of inescapable shock upon subsequent escape and avoidance responding. *Journal of Comparative and Physiological Psychology, 63*, 28–33.

3 Willner, P., & Mitchell, P. J. (2002). The validity of animal models of predisposition to depression. *Behavioural Pharmacology, 13,* 169–188.

4 土江伸誉「川に投げ込まれたネズミはいつまでも泳ぎ続けるか?」、『ヒトと動物の関係学会誌』、通巻第一六号、二〇〇五、七三—七五頁。

5 Cryan, J. F., Markou, A., & Lucki, I. (2002). Assessing antidepressant activity in rodents: recent developments and future needs. *Trends in Pharmacological Sciences, 23,* 238–245.

6 Doe, N., Takahashi, T., & Kiriyama, M. (in press). Behavioral despair in the water maze learning situation in mice. *Experimental Animals.*

7 土江伸誉・桐山美香「マウスの水迷路学習場面を応用したうつ動物モデルのイミプラミンに対する感受性」、『医学と生物学』、第一五三巻、二〇〇九、三九一—三九八頁。

第3章　生体信号の「ゆらぎ」を見る

――ヒトの心理状態と「ゆらぎ」

今西　明

はじめに

心理学といえば、一般的に「臨床（心理学）」というイメージを持たれるかもしれない。しかし、心理学は学際的な学問で、多くの「心理学」がある。実験心理学、生理心理学、発達心理学、社会心理学、学校心理学、産業心理学などが挙げられる。中でも生理心理学は生体信号に表れる生理的変化から、ヒトの心身状態を推定する心理学の一分野である（文献1）。身近な例を挙げるならば、あなたが人前でスピーチをしなければいけない場合、心臓の鼓動が早くなっていることを感じたことはないだろうか。これは心拍数が上昇していることを示し、その理由は人前でスピーチを行なうことに対する「緊張」の表れであると解釈されるかもしれない。

生体信号はヒトの意識とは無関係に常に発せられている。一部を除いて、意識的に生体信号の発生を止めることはできない。そのため、測定装置を身につければ、ヒトがある状況における「まさにその時」の状態を測定することができる。また、生体信号はヒトの主観的操作の影響を受けにくいことから、その利用価値は高いといえる。その一方で、生体信号の変化と心理状態の変化が完全に一致しているわけではない。先述の例では、心拍数の上昇の原因はスピーチに対する緊張であることを述べた。しかし、その原因を次のように解釈することはできないだろうか。スピーカーは練習を何度も重ねたことから、自信に満ちあふれ、立派なスピーチを行ない、皆に賞賛されたいと意気込んでいる（興奮している）かもしれない。この例の場合、緊張は負の心理状態、興奮は正の心理状態と考えられ、解釈が正反対である。

生体信号はリアルタイムでヒトの心身状態を評価できる可能性を持つ有用性の高い指標であることは間違いない。しかし、生体信号の変化傾向から、ヒトの特定の心理状態を推定することは容易ではないことも事実である。この原因として、筆者は生体信号に含まれている「カオス」が関与しているのではないかと考えている。

生体信号に潜むカオス

従来の生理心理学において、生体信号は様々な手法を用いて解析され、多くの知見が得られてきた。しかし、生体信号の変化から、高い精度でヒトの心身状態を推定できる段階には至っていない。

近年、種々の生体信号、例えば、脳電図（脳波）、心電図、血圧、呼吸、容積脈波などはカオスという性質を持って変動することが様々な研究で明らかにされている（例えば文献2）。カオスとは、「システムの状態遷移《せんい》規則が決定論的であるにも関わらず、システム自体の非線形性によって確率系と等価な複雑さを産み出す性質」のことを指す（文献3）。図1はカオスの概念イメージを示している。カオスは対象の状態を方程式等によって記述できるにも関わらず、ランダムのような非常に複雑な変動を見せる。ちょうど確率論と決定論の中間に位置し、その両方の特徴を持っていると解釈してよい。カオスは「混沌《こんとん》」と邦訳され、法則性がない状態であると考えられるが、カオスを科学用語として用いる場合、先述のような定義に従い、厳密に「混沌」とは区別される。

生理心理学における従来の解析方法では、生体信号に含まれているカオスについて言及することはなく、ヒトの心身状態との関連について検討してきた。これはカオスの持つ確率論と決

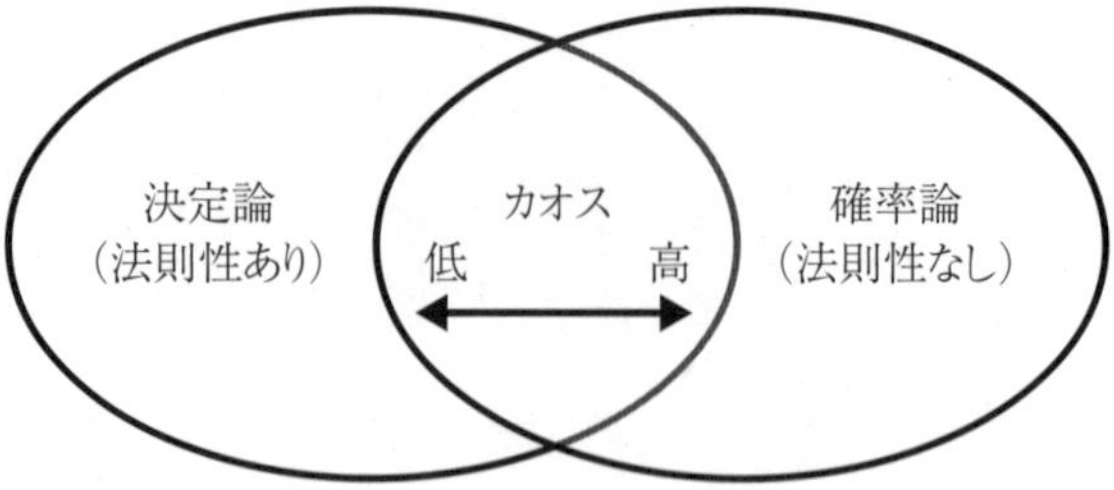

図1　カオスの概念イメージ

定論の中間に位置する特性が科学の対象として非常に扱いにくいためであったと予想される。しかし、方法論の扱いにくさを回避するために、生理心理学における本来の目的、すなわち、生体信号に表れる生理的変化から、ヒトの心身状態を推定できなければ、生理心理学的研究手法における限界を認めることになりかねない。したがって、従来までに行なわれてきた生体信号の解析方法とは異なる新しい解析観点からのアプローチが必要ではないだろうか（文献4）。

生体信号に含まれているカオスに注目し、それを分析することによって、生理心理学における新たな一歩を踏み出せるかもしれない。その解析手法が「カオス解析」である。次節では、従来の解析手法の代表例として周波数解析を取り上げ、それとカオス解析の比較を行ない、カオス解析の有効性について述べる。

カオス解析の有効性

生体信号のみならず、時系列信号を対象によく用いられる解析手法は周波数解析である。周波数解析では、如何なる複雑な信号も、様々な周波数帯域を持つ信号（波形）から構成されていることが前提となっている。生体信号に対して周波数解析を行なった場合、それを構成している割合が大きい周波数帯域の信号と心身状態との関連について述べられる。

周波数解析を用いて生体信号の分析を行い、何らかの心身状態との関連が見られなかった場合、その信号はノイズ、すなわち、「意味のない信号」であると解釈されてきた。しかし、それは周波数という一側面から分析した結果に過ぎない。そして、カオスが含まれている時系列信号はこれまでノイズであると判断され、破棄される傾向が強かったと考えられる。なぜなら、周波数という一側面から、カオスを捉えることができないからである。

実際、一見ノイズ調であるが、一方はランダムノイズ、他方はカオスを含んだ実測値の2つの時系列信号を周波数解析とカオス解析を行ない、それら比較した例がある（文献3）。その結果、周波数解析では両信号を同類のノイズと判断し、意味のある情報を捉えることができなかった。それに対し、カオス解析はランダムノイズの信号をノイズとし、カオスを含んだ実測値はノイズとは異なる信号とし、さらに法則性があることを示した。この例は、カオスが含まれている時系列信号に有意味な情報が含まれているにも関わらず、これまで「意味のない信号」であると判断され、破棄されてきた可能性があることを示唆している。

生体信号にカオスが含まれているならば、それを定量化することによって、これまでに得られなかった新たな知見を見出し、ヒトの心身状態が推定できるかもしれない。一部の生体信号だけではなく、多くの生体信号にカオスが共通して含まれていることから、生体とカオスには何らかの強い関係性があることを推察させる。

カオスの発見から定量化まで

カオスは一九世紀末から二〇世紀初頭にかけて、フランスの数学者であるポアンカレらによって発見された。しかし、その当時は実態を伴わない数学における概念だけに留まっており、その意義について注目されることはなかった。そして、半世紀以上が経過した頃、アメリカの気象学者であるローレンツは大気変動にカオスが含まれていることを発表した（文献４）。それまで、数学や物理学を中心に予め力学系が既知である対象に潜むカオスについて言及されていたが、ローレンツが自然現象においてもカオスが潜在していることを発見したことは非常に大きな意味があった。しかし、ポアンカレらと同様、すぐにその功績が讃えられることはなく、十数年後にその意義が諸科学において注目され、神経科学をはじめとする研究分野においても、様々な対象にカオスが潜在するか否かを検証する傾向が強まった。

その後、それらの関心はカオスを利用した応用研究へ移行した。分析対象からカオスを抽出し、それを分析することによって対象の状態把握や予測に利用する試みである。天気予報や株価予想などにも利用され、その最たるものが人間（生体）への応用である。一九九〇年代から、特にヒトの生体信号に含まれるカオスを定量化するカオス解析は物理学や生理学をはじめとする研究領域において積極的に研究され始め、それらに遅れて、医学、心理学、人間工学などにおいてもその試みはなされ始め、今日に至っている。

カオス解析

生体信号に限らず、カオス解析を用いて、時系列信号（解析対象）に含まれているカオスを定量化する場合、最初に行なわれる操作は時系列信号を多次元状態空間への埋め込みによる「アトラクタ」の再構成である（文献5）。アトラクタとは時系列信号に含まれているダイナミクスを視覚化した幾何学図形のことである。方程式等によって、予め時系列信号の生成機序が明らかになっている時系列信号のダイナミクスを知ることができるが、生体信号をはじめ、その生成機序が未知である場合、理論上、厳密に時系列信号のダイナミクスをわれわれが知ることはできない。そのため、1次元情報である時系列信号を多次元状態空間へ投影することによって、ダイナミクスを視覚化する。

図2は時系列信号を3次元状態空間にアトラクタを再構成する場合を示した模式図である。時系列信号における点 x_1 から遅延時間 τ だけ離れた点 y_1、さらに 2τ だけ離れた点 z_1 から、ベクトル P_1（x_1, y_1, z_1）を構成し、それを3次元状態空間へプロットする。そして、ベクトル P_1 からある一定時間だけ離れた点においても、同様に3点からベクトル P_2（x_2, y_2, z_2）を構成する。このような操作を時系列信号の最終点にかけて、複数回繰り返すことによって3次元状態空間にアトラクタを再構成する。また、図3は時系列信号とそれを3次元状態空間へ再構成したアトラクタを示している。図3より、前半の時系列信号は変化が少なく、後半において大きな変化が見られている。アトラクタは時系列信号の周期性が高いほど、類似した半径の軌道が描かれる。一方、時系列信号の変化が大きいほど、軌道の変化も大きく、軌道のばらつき、すなわち、「ゆらぎ」が見られる。アトラクタにおける軌道のゆらぎが大きいほど、カオスが多く含まれていると判断される。

アトラクタの視察分析では、観察者の主観的要素が入り込む可能性が強いため、アトラクタにおける軌道の「ゆらぎ」を「リアプノフ指数」という統計量によって定量化する（例えば文献6）。リアプノフ指数は解析対象が「どの程度カオス的か」を示している（文献7）。図4はリアプノフ指数の算出方法の模式図である。3次元状態空間に再構成されたアトラクタの軌道

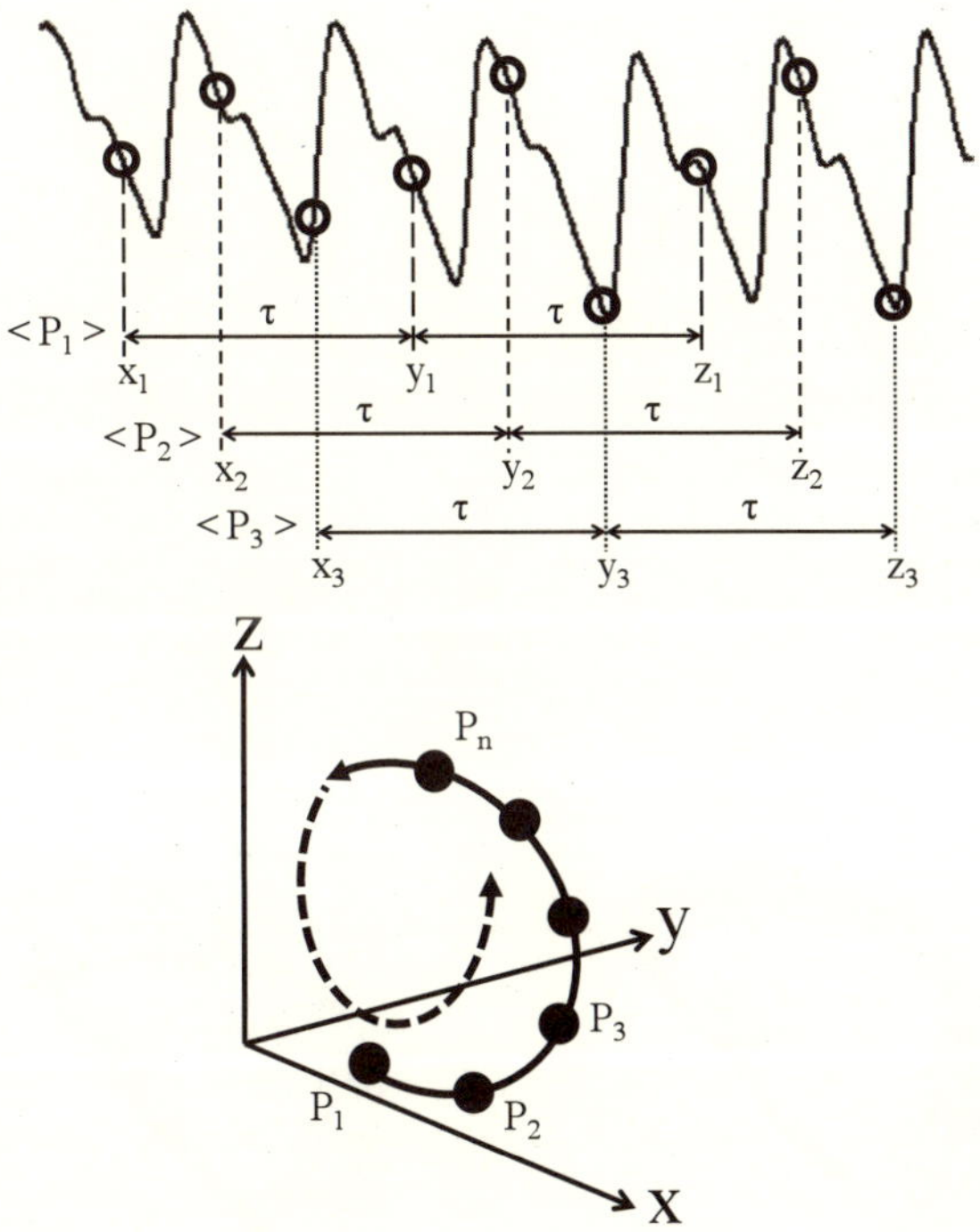

図２　ターケンスの埋め込み定理を用いた時系列信号の３次元状態空間へのアトラクタの再構成

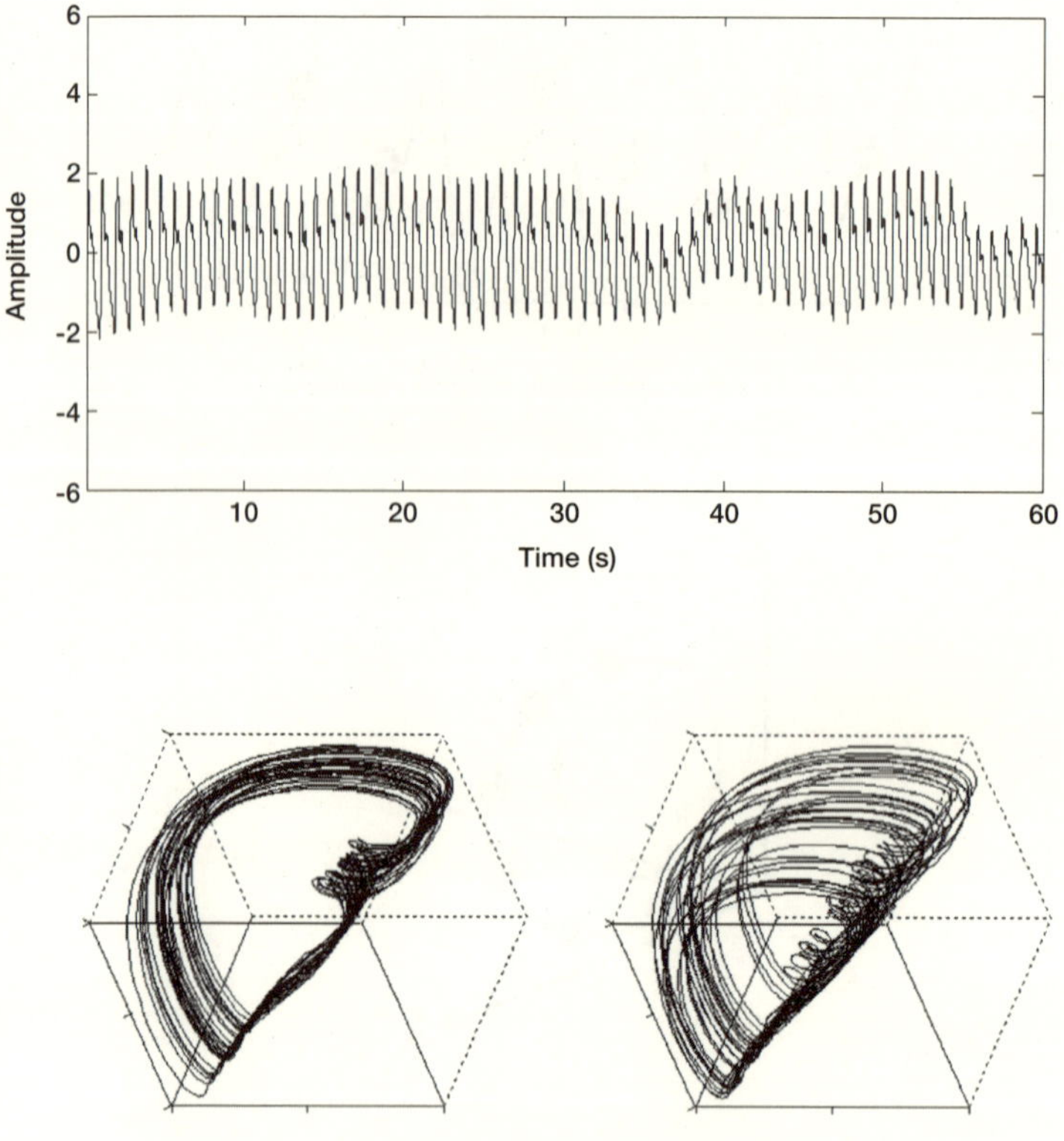

図 3　時系列信号とそのアトラクタ（左：前半／右：後半）

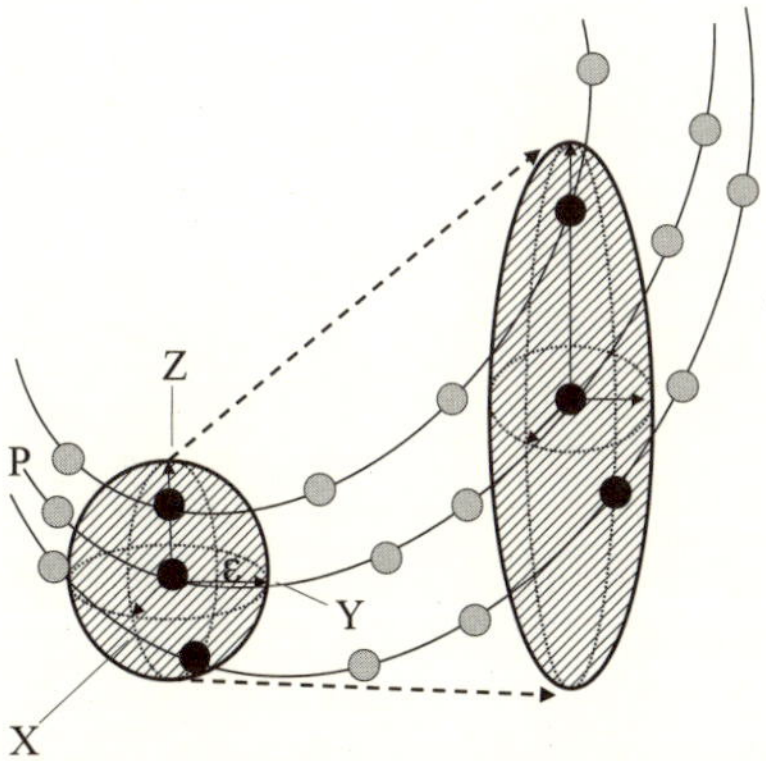

図４　佐野・澤田法によるリアプノフ指数の算出モデル
（X・Y・Zは３次元座標軸を示している）

PにおけるベクトルP_iにおいて、半径εの球を描き、半径ε内に含まれる他の軌道集合体を構成する。そして、ベクトルP_1において構成した半径εの球はベクトルP_2において、各軸方向へ拡大または縮小する。各軸（各次元）の拡大・縮小率の平均値の対数をアトラクタ内における全点において数量化したものがリアプノフ指数である。リアプノフ指数が高いことはランダム性が強く、予測することが困難であることを意味する。反対に、リアプノフ指数が低いことは周期性が強く、予測することが比較的容易であることを示している（図１参照）。

　以上のような方法を用いて、近年では、生体信号の分析が行なわれ、ヒトの心身状態を推定する研究が行なわれ、年々増加傾向が見られる。その最も顕著な分野が人間工学であり、その対象となる生体信号が容積脈波である。次節では、特に人間工学における容積脈波のカオス解析について述べたい。

人間工学における容積脈波のカオス解析

容積脈波とは、動脈管径の膨張および縮小を容積変化として捉えたものを差し、血管動態や血流量を示す。種々の生体信号の中でも特に、容積脈波は心理的変化に鋭敏に反応し、且つ、測定が大変簡便な指標であることから、応用範囲が大変広いことがわかる（文献8）。

中でも、実用場面を想定した研究が盛んに行なわれる人間工学にとって、測定が簡便な容積脈波は利用可能性が高い生体信号と考えられる。例えば、作業者の生体信号の変化から心身状態を推定し、ヒューマンエラーの生起による事故防止を試みる研究などが行われている。実用場面を想定した場合、測定時の作業者への負担や拘束が少ない容積脈波は測定指標として大変都合が良い。しかし、容積脈波は定量化することが大変困難な生体信号でもある。利用可能性が高いにも関わらず、分析方法が確立されていなかったため、多用されることはなかったが、近年では容積脈波にカオスが含まれていることが証明されたことに後押しされ、容積脈波の一分析方法としてカオス解析が適用され始めた。次節では、筆者が実際に行った実験について紹介する。

容積脈波のリアプノフ指数で事故防止を目指す

人間工学において、容積脈波のカオス解析を用いた研究は、先述したように、作業者の心身状態を把握し、事故防止に寄与する研究が多く見られる。中でも、交通事故に関係する研究では、実車やドライビングシミュレータを用いて実験を行い、運転中における実験参加者（ドライバー）の心身状態を評価するために様々な指標を測定する。

筆者は商用トラックを日常的に運転している二十名の男性を対象に実車のトラックを用いた実験を行なった（文献9）。ドライバーは夜間九時間にわたってトラックを運転し続け、その際の容積脈波のリアプノフ指数を検討した。一時間の連続走行を一セットとし、合計九セットを行なった。二セット終了後に十分間および五セット終了後に約一時間の休憩を設けた。容積脈波の測定と同時にフリッカーテストによる精神疲労度や車両の横揺れを示す程度（ヨーレート）を測定した。精神疲労度は実験前の安静時からの変化率を算出し、数値が低下する程、精神疲労度が高いことを示している。また、ヨーレートは数値が増加すると、車両の横揺れが大きくなっている、すなわち、ハンドル操作が乱雑になっていることを示す。

実験の結果、二十名のうち、十五名が完走し、五名が途中で棄権した（以下、それぞれを完走群および棄権群とする）。図5は完走群と棄権群において、平均精神疲労度とヨーレートが

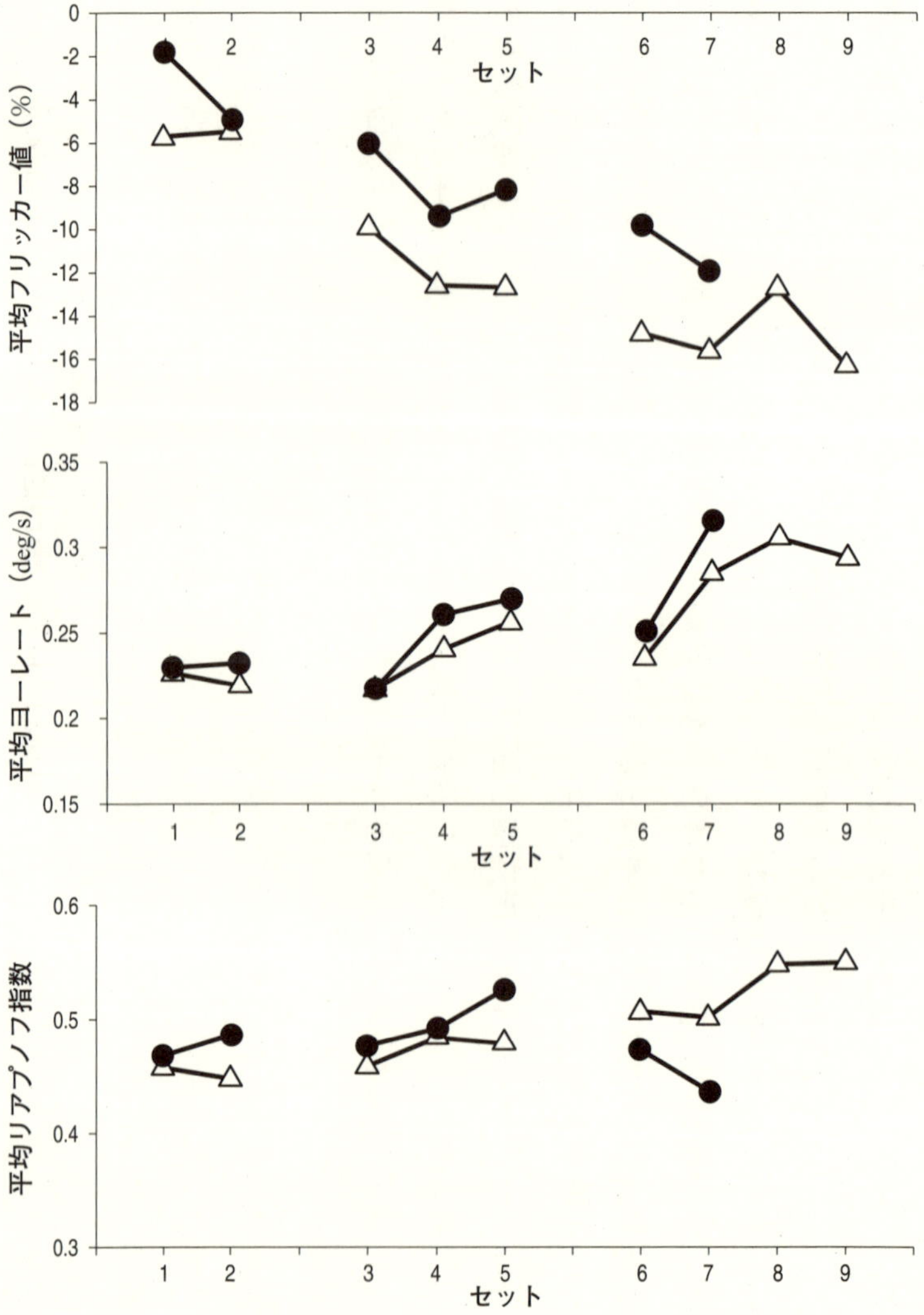

図 5 完走群および棄権群におけるフリッカー値(上)・ヨーレート(中)・リアプノフ指数(下)の推移

最も顕著な変化が見られたドライバーを四名ずつ選択し、それらの平均精神疲労度、平均ヨーレート、平均リアプノフ指数を示している。図5より、平均精神疲労度は実験開始前の安静時と比較して、走行セット数の増加に伴って顕著な低下が見られ、完走群および棄権群に大きな変化傾向の差異は見られない。また、平均ヨーレートの変化傾向も各群に大きな差異は見られず、増加していることが分かる。両指標の変化傾向から、走行セットの増加に伴って、精神疲労度が増し、車両の横揺れが大きく生じていることから、ドライバーはトラックを運転する状態として好ましくないことが推察される。

その際の平均リアプノフ指数は走行セット数の増加にしたがって増加している傾向が見られるが、棄権群のリアプノフ指数は棄権する直前に急激な低下を示していることがわかる。リアプノフ指数の増加後に見られる急激な低下はドライバーが危険運転を行う兆候であった可能性がある。本実験では、合計九セットのみを行ったが、それ以上の走行セットを実施していたならば、完走群のリアプノフ指数も、棄権群と同様、急激な低下傾向を示したかもしれない。

最後に

これまでに行なわれてきた生体信号からヒトの心身状態を推定することは容易ではない。そのため、新たな観点を持った一部の研究者が生体信号に含まれるカオスに着目し、その定量化を行なってきた。生体信号のカオス解析に関する研究の歴史は浅く、発展段階である。そのため、解析手法そのものが確立しているとは言えず、解析手法に関する様々な問題も指摘されているが、それらは一つ一つ解決され始めている（文献10・11）。

時系列信号をはじめ、何らかの現象を把握するためには観点が必要である。その観点に正解や不正解はなく、様々な観点から一つの現象について解明することは大変有意義である。そして、それが既に確立されている観点のみを採用した場合に解析者が求めているような十分な解が得られないならば、異なる観点から現象を眺め、現象の違う側面に着目するべきであろう。本章では、生体信号に含まれる非線形的性質であるカオスについて着目する観点を提案した。今後、種々の問題が解消され、カオス解析が解析手法として確立された時、生理心理学のみならず、諸科学において大きな影響を与える解析手法となり得るだろう。

文献

1　宮田洋「生理心理学」、宮田洋編『脳と心』、東京：培風館、一九九六年、一三―二〇頁。
2　Stam, C. J. (2005). Nonlinear dynamical analysis of EEG and MEG: Review of an emerging field.

Clinical Neurophysiology, 116, 2266–2301.

3　池口徹・山田泰司・小室元政「序論」、合原一幸編『カオス時系列解析の基礎と応用』、東京：産業図書、二〇〇〇年、一―一一頁。

4　Lorenz, E. N. (1963). Deterministic non-periodic flow. *Journal of the Atmospheric Sciences, 20*, 130–141.

5　Takens, F. (1981). Detecting strange attractors in turbulence. *Lecture Notes in Mathematics, 898*, 366–381.

6　Sano, M., & Sawada, Y. (1985). Measurement of the Lyapunov spectrum from a chaotic time series. *Physical Review Letters, 55*, 1082–1085.

7　池口徹・山田泰司・小室元政「カオス時系列解析の基礎理論」、合原一幸編『カオス時系列解析の基礎と応用』、東京：産業図書、二〇〇〇年、一二一―一九八頁。

8　Brown, C. C. (1967). The techniques of plethysmography. In C. C. Brown (Ed.), *Methods in psychophysiology* (pp. 54–74). Baltimore: Williams & Wilkins.

9　今西明・塩見格一・雄山真弓「長時間にわたる夜間トラック運転時おけるドライバーの心身状態の評価―耳朶容積脈波のリアプノフ指数による検討―」、『人間工学』、第45特別号、二〇〇九年、二六六―二六七頁。

10　今西明・雄山真弓「カオス解析における設定値の際が解析結果に与える影響―指尖容積脈波における検討」、『人間工学』、第45号、二〇〇九年、一四一―一四七頁。

11　今西明・雄山真弓「指尖容積脈波のカオス解析における遅延時間の検討」、『人間工学』、第45号、二〇〇九年、三三二―三三五頁。

第4章 社会的感情と文化

——個人主義文化と集団主義文化におけるお返しと幸せ

一言英文

日曜日、初めてバットを握るマイケル君は草野球でヒットを打ちました。観に来ていた家族は、「マイケル、ゴー、ホーム!」と叫びました。それを聞いたマイケル君は、一目散に家族の車がある駐車場に向かって走りだしました。

文化とは何か

野球にはプレーヤーの行動を左右するルールがある。ピッチャーがボールを投げ、バッターが打ち、一塁へ走る。いきなり三塁に進んではならない。プレーヤーには個人差があり、イチロー選手は高い確率でヒットできるが、彼の行動もルールに従っている。つまり、参加者の行動はルールで規定されている。野球のルールは明確に説明できるが、もっと日常的で、一生続くゲームがあったとしたら、そのルールを理解することはできるだろうか。

私たちは普段、様々な行動を伴う日常生活を送っている。朝登校し、授業を受け、友人と話をし、部活へ行く。塾へ行き、恋人と電話する。恋人と電話しない日があったり、塾へ行かずに勉強する人もいるが、学校をサボると先生から大目玉を食らう。つまり、日常生活の行動には、社会的に認められる行動と、そうでない行動がある。日本では母親の言うことを聞いて遊んだ幼児ほど、アメリカでは母親に従わず遊んだ幼児ほど六年後の成績が高い。成績が学校生活の評価だとすれば、日本では母親の言うことを律儀に守る行動が「認められる」のに対し、アメリカでは自分の好きなことをする行動が「認められる」ということである。

日常生活を共有する人々の行動は似てくる。忙しい一日を効率よく過ごすために私たちは足早になる。友人、先輩、恋人と会話するために、私たちは話術、敬語、相手の声色を聞き分けることに長けてくる。私たちは日常生活というゲームのルールに沿って特定の行動を獲得する。ピッチャーの肩の筋肉は異常に発達しているが、それは彼が野球のルールに従って投球を繰り返すことで身体が適応した結果である。同様に、複雑な市街地を記憶する必要があるロンドンのタクシー運転手は、記憶を司る脳の一部分が運転歴に比例して発達している。

日常に偏在するこれら行動の規則は、脳の神経基盤まで左右する文脈である。野球と違って説明が難しい行動の規則は、「比較文化心理学」という心理学の応用分野で研究されている。

文化と自己

自分を端的に紹介して下さいと問われたら、あなたは何と答えるだろうか。「私はかわいくない」とか、「僕は剣道部だ」などと答えるだろうか。ここで答えた「あなた」に関わる事柄を「自己概念」と呼ぶ。自己概念とは、自分自身を自分でどのような存在と捉えているかという、自己に関する情報の集合である。

マーカスと北山（文献1）は、この自己概念に文化差があると指摘した。アメリカの学生にこの質問を行うと、個人の中に存在する特性（例：やさしい、思慮深い）が挙がり易い。一方、アジア系アメリカ人、韓国人、日本人、ケニアの原住民は対人関係や所属（例：Bさんの親友、剣道部員）、対人的な状況に依存した自己（例：仕事ではまじめ、友達といるときは素直）を挙げ易い。つまり、自己概念には個人の情報と関係性の情報のいずれに注目し易いかという文化差がある。さらに、この文化差は他者の捉え方の文化差と対応している。

人が他者の行動の原因を求める際に、行動した本人の内的属性（例：性格）に過度に求めてしまうことを「基本的帰属錯誤」と呼ぶ。本来、人の行動は一つの原因を特定できるものではない。例えば誰かを援助した人を見かけたとき、「あの人は優しい（性格）から助けたのだ」

と行動の原因を援助者の内的属性に求めたとする。実際その人は援助しないと周りの人に非難されるため（状況）、援助したのかもしれない。アメリカの研究では、たとえ他者の行動が状況に強いられたものだと知らされても、人は他者の行動の原因を内的属性に求める。

しかし、アメリカのアイオワ大学で起きた殺人事件の報道で、基本的帰属錯誤の文化普遍性が疑問視された。この事件では、ある中国人大学院生が大学で同僚を射殺した。アメリカの新聞はこの事件が殺人者本人の性格（例：悪人である）ゆえ起こったと帰属したが、中国の新聞は状況（例：友人関係のトラブル、銃を手に入れやすい環境）に帰属していた。これは、人間の行動を中国では状況との兼ね合いで考えていたということを示すと同時に、基本的（普遍的）と思われていた帰属錯誤が、必ずしもそうでない可能性を示していた。

文化は日常生活を規定する。そのため、日常的な行動に法則が認められる場合、それがどれほど文化を超えて成立するものか検討する必要がある。経験科学は、観察できるデータから観察していないデータも予測できる法則を見出す。私たちは、「鳥は翼で飛ぶ」ことを経験から知っている。しかし、この「鳥」に関する経験的法則は、五百年前にカナダからハワイに飛来したガンには当てはまらない。ハワイでは天敵がおらず、その環境要因ゆえにこの鳥の翼は退化した。カナダとハワイのガンの両方を観察できたとき、さらに普遍的な法則に辿りつける。すなわち、「鳥は翼で飛ぶ」という法則は真実の一部であって、「鳥は天敵から逃げるために翼を使って飛ぶ（だから天敵がいなければ翼は必要がない）」という真の法則を見出すことができるのである。比較文化心理学の目的は、心理学が見出してきた行動に関する法則が文化を超えてどの程度普遍的かを検討することで、真の法則に経験的に辿りつくことにある。この探求は同時に、差異（例：飛ぶ、飛ばない）が認められたときに、その違いを説明する、あるいは生み出した要因（例：天敵の有無）を探求することと表裏一体である。

社会心理学の知見は、そのほとんどが欧米文化で積まれてきた。もし、欧米文化がなんらかの点で他文化より特徴的である場合、これまでの研究のみでは過度の普遍性を主張してしまうことになりかねない。比較文化心理学では、これまでに文化の違いを説明する少数の本質的な要因を特定してきた。それによると欧米文化は、自己概念の個人的な側面を強調することが日常生活で認められている点で特徴的であることが分っている。

文化的価値観

筆者が所属していた高校の剣道部では、昼ごはんを部員全員が道場で輪になって食べる習慣があった。つまり、剣道部に対する忠誠に価値が置かれていた。行動の規則は文化の成員の平均的な価値観に反映されている。個人的に重要な目標を価値観と呼ぶ。ホフステッド（文献2）は、一九七〇年代から二〇〇〇年代に世界六〇カ国以上の社会人を対象に社会調査を行った。参加者は様々な仕事上の価値観を評価した。このデータから各国の違いを切り分けるものを統計的に探すと、複数の価値観に共通する数個の要因が、家庭、教育、法律や経済システムに及ぶ社会行動の国の違いと関連することが分かった。

その中に「個人主義」と呼ばれた要因がある（表1参照）。個人主義とは、自分と、自分の身近な他者のみ面倒を見ればよいという価値観が優勢な度合いの文化差である。個人主義得点の高い国（例：アメリカ、カナダ、オーストラリア、イギリス、フランス、ニュージーランドなど）では、自己概念が個人的な情報を中心に捉えられ易い。個人主義得点が低い国は「集団主義」と呼ばれ、個人は所属する集団に忠誠を誓うことが重視される。集団主義文化（例：ブラジル、メキシコ、インド、トルコ、日本、フィリピン、タイなど）では、所属集団との関係性の情報を中心に自己概念が捉えられ易い（図1参照）。これまでに、個人主義得点の違う国では多くの社会行動が系統的に異なることが分かっている。

国を分けるこのような要因を「文化の次元」と呼ぶ。文化の次元に沿って、各国で行動の規則の中心に位置する社会的なテーマが異なる。社会的なテーマとは、ある社会の人々が日常生活に偏在する行動の規則に従うことで保たれる、社会全体としての行動パターンである。社会的なテーマに沿った行動は奨励される。個人主義文化の日常生活では、個人の権利を主張する行動（例：言論の自由、自分が好きな味付けを選択肢から選ぶ）が奨励され、自分を個性的だ

表1　個人主義文化と集団主義文化の文化差

個人主義文化	集団主義文化
自己と他者は独立しており、状況を通して一貫しているという人間観	自己は他者と関係しており、状況に依存するという人間観
自己の内的、肯定的特性への注目	所属集団の規範に対する自己の改善点への注目
個人の自立、権利、自由や選択を社会的に重んじる価値観	所属集団との調和や協調、成員としての忠誠と責任を社会的に重んじる価値観
内集団と外集団で行動の違いが少なく、内集団に否定的な感情を提示してもよいという規則	内集団と外集団で行動の違いが大きく、内集団に否定的な感情を提示してはいけないという規則
正しい行動は状況を通して同じであるべきという認識	正しい行動は状況に依存して決められるべきという認識

注）　個人主義の文化差は、質的な隔たりというよりは、様々な文化差がこの両極の間にちらばっている連続的な違いである。

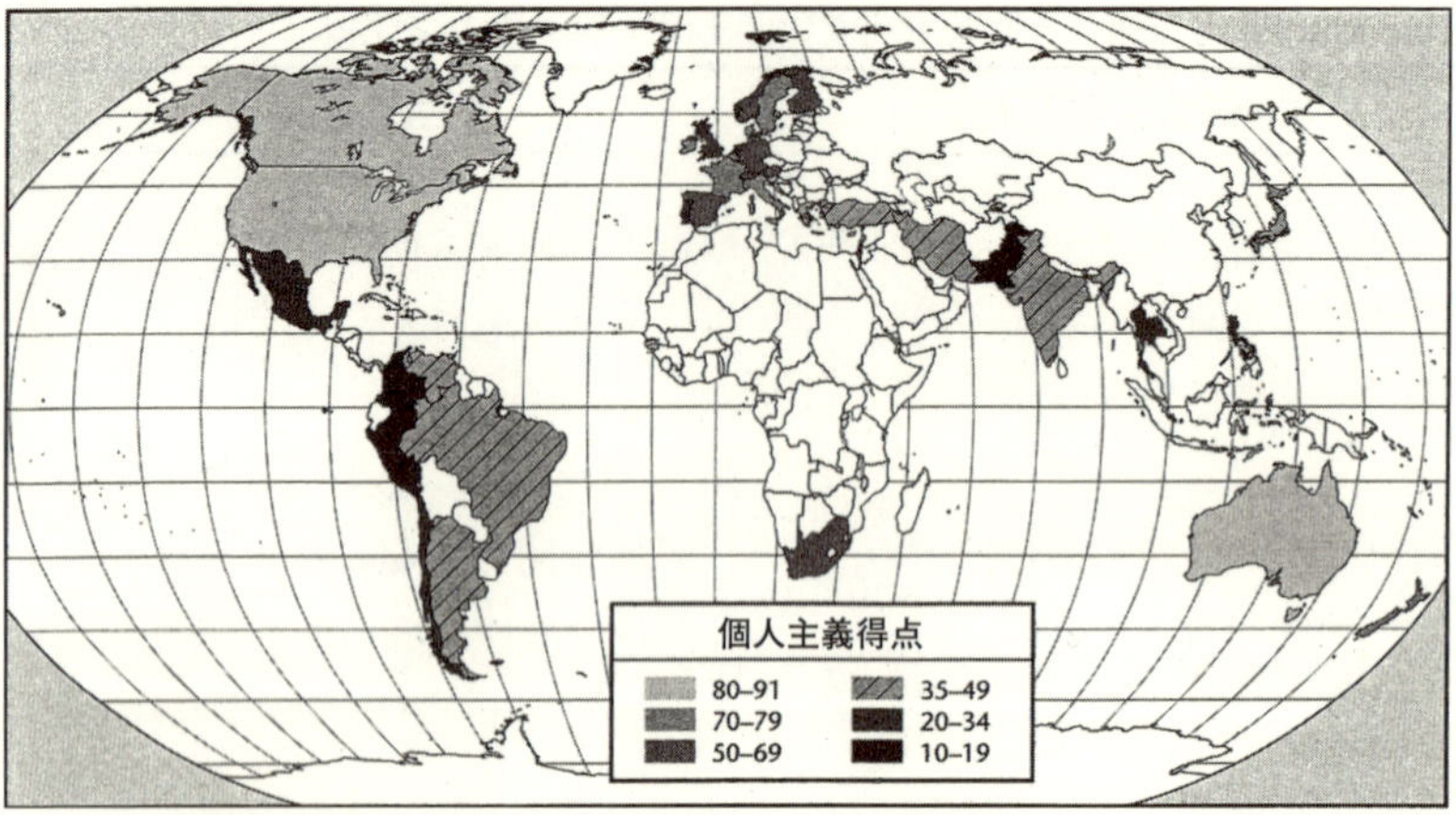

図１　個人主義得点の世界分布（文献 3、p. 188 をもとに作成）

注）　色が薄い国ほど個人主義得点が高い国であることを示す。白い国はデータの無い国（ただし中国、ロシア、中東、東南アジア、アフリカ諸国については文献２を参照。

と確認できる出来事（例：クラスの前で特技を披露する）が奨励される。集団主義文化の日常生活では、集団の規則を守る行動（例：校則を厳守する、友人たちと話す際に場の雰囲気に合わせて同調する）や、忠誠を示す行動（例：会社のために残業する、学校を挙げて応援に行く）が奨励される。奨励とは、社会的なテーマに沿った行動であるために、文化の成員個人の行動に対して社会的に適応的な結果が続き易く、沿わない行動には不適応的な結果が続き易いということである。ゆえに、個人主義文化で自己主張しなければ意見の無い奴だと批判されるかもしれないし、集団主義文化で部活の雰囲気に合わせなければＫＹ呼ばわりされるかもしれない。いきなり三塁には進めないのである。

　日常生活を繰り返した結果、人々は平均的にその文化で優勢な価値観と行動を獲得する。状況の違いや個人差はあるものの、日本で日常生活を送る中で、私たちの行動は集団の規則や忠誠を示す行動（例：期待に応える、空気を読む、和を保つ、先生には逆らわない、担当ではない仕事を請け負う、部活の一員として責任を持つ）が奨励されている。社会的に一人前になるころには、私たちはこれらの行動を獲得し、自然に起こすことができるようになる。

「文化化」と呼ばれるこの発達的プロセスは、果たしてどこまで深く私たちの心に影響を与えているのだろうか。近年の心理学では、人間を、人間が生物であることで備えている普遍的な面と、特定の文化で生活することによって形成される文化独自的な面の両方を併せ持つ存在だと捉えている。この視点に立った研究として典型的なものが「感情」の研究である。

文化と感情

野球では、得点を争ってプレーヤーたちが一喜一憂する。この感情は、ゲームのルールと不可分である。ルールが無ければ、これらの感情は起こらない。バットを振る機会がルールによって限られていたからこそ、イチロー選手は自らの記録を喜んだのである。私たちが日常生活で感じている感情は、文化に沿って生じているのではないだろうか。

人間が感情を感じるのは、動物としての進化の産物である。進化論で有名なダーウィンは、十九世紀初頭のイギリスでは当然の、人間は神に創造された特別な存在であるという「人」の概念に対し、経験科学の立場で疑問を呈した。経験科学とは、独立した様々な客観的観察が指し示す証拠から、因果関係を中心とした自然界の真の法則に迫る知的営みである。ダーウィンは著作『種の起源』で、現存するすべての生物は、その長い歴史の中で自然の要請に応じた形質を持つ個体が繁栄した結果であるとする選択的淘汰仮説を唱え、これを支持する証拠を探した。隔絶されているが元は同じ自然環境に生活していた種間に類似性が高いことや、動物が人間と類似した身体構造を持つことを化石から観察し、鳩に品種改良しようとした。その試みの中に、「あなたの国の人々は、他の人から馬鹿にされたときに、こぶしを握り、顔を赤らめますか?」といった感情表出に関する質問を、世界中の生物学者に対して行った世界初の比較文化調査がある。ダーウィンは人間と動物の表情が類似していることを知り、国によらず感情表出が確認されれば、人と霊長類の連続性の根拠にできると考えていた。

基本的情動と呼ばれる幸福、怒り、驚き、嫌悪、悲しみ、恐怖は、文化によらずそれぞれの表情が識別され、神経基盤があり、生まれつき全盲である乳児から運動選手で確認されている。つまり、基本的情動は進化の過程で個体の適応に機能してきた普遍的な感情である。例えば、嫌悪の表情は嘔吐行動の名残で、怒りや恐怖は危機の状態で脅威を退ける闘争—逃走反応の名残であると考えられている。

このように感情は基礎的であるが、同時に、文化によって「刈り込まれる」余地も大きい。嫌悪は五歳以降に、汚い物が接触した他の物に対しても感じられ始め、思春期以降は不道徳的な行為に対しても感じられるようになる。その結果、成人は敵対する国の国旗も嫌悪する。怒りは、自分に物理的危害を加えるもののみならず、集団の中で一人だけ協力しない者や、自分に一方的に損をさせる他者に対しても生じるようになる。つまり、人間が築いた社会生活は、感情という進化の産物を、社会的な適応のためにも使わせている。文化は人間の日常生活を規定するため、感情にも制約を与えているはずである。

文化とお返しの心

援助の授受は、進化の過程で重要だった動物の行動である。大型類人猿は、群れで生活する種ほど大脳に占める「大脳新皮質」の質量が大きい。大脳新皮質は、私たちが集団で生活する際に必要な認知的機能（例：他者の行動の意図を推測する、自分について考える）を担う。このような脳を持って集団生活することは、援助の繰り返しであった。実際、生後六週目の幼児でも、援助の行動を示すキャラクターを好む。また、私たちは自分を助けてくれた人に対して、実に豊富な感情を感じる。感謝や、お返しできていないことに罪悪感を抱く。このような社会的感情は、コミュニケーションを促進し、社会における道徳を支える。

援助にまつわる感情に、「心理的負債」という感情がある。「援助してくれた人に対し、お返しをしなければならないという気持ち」である。日常生活の援助は、援助された者が、さらに援助し返すことで続いている社会的なキャッチ・ボールである。ゆえに、どの文化でも、お返しをしなければならない気持ちは存在する。

ところが、この基本的なキャッチ・ボールの感情を感じる根拠が、個人主義文化と集団主義文化で異なる可能性がある。個人主義文化は、個人の自由や権利を最優先する文化である。ゆえに、対人関係も個人にとって利益がある限りにおいて保たれる。もし自分の利益にならない関係であれば、比較的容易に離れることができる。つまり、他者から援助を受けるような最小限の関係においても、自己の利益が増えたことを根拠に、関係のさらなる発展に結び付くお返しをすると考えられる。個人主義文化出身のビジネスマンほど自分の利益を主張し、個人主義文化に端を発する自由市場経済は合理的な自己利益の追求に基づいた競争が公正な値段を決定すると考えている。自己利益の追求は個人の権利と自由を守ることに繋がる。つまり個人主義文化では、自己利益に注目することが適応的に機能する日常生活がある。

一方、集団主義文化では所属集団との関係性が優先され、それと対立しがちな個人の利益は後回しにされる。集団主義文化では個人は所属集団の一部であり、集団の維持が最優先される。個人に求められる行動としては他者に迷惑をかけないこと、他者の労力を減らすことなどが奨励される。対人恐怖症という日本的な社交不安の特徴は、他者に悪い思いをさせたくないために他者を避けるという行動がみられる点にある。他者から援助を受ける場合などは特に、成員は迷惑を避ける意識が強く働くように文化化されていると考えられる。援助者はなんらかの形で労力を払って援助するため、集団主義文化では援助者のコストに注目しやすいのではないかと考えられる。

ところでグリーンバーグ（文献４）は、心理的負債は自己の利益と他者のコストで決まるとしている。同時に、自己の利益は他者のコストよりも強く心理的負債を決定するとも説明した。グリーンバーグはアメリカの学生を対象とした研究によって経験的にこの法則を立てた。しかし、先の仮説が正しければ、彼の法則は個人主義文化に限られたものかもしれない。そこで筆者は、アメリカ（個人主義得点が高い国）と日本（個人主義得点が低い国）に在住する大学生を対象に調査を行った（文献５）。調査では最近援助された経験、その時の心理的負債の大きさ、自己の利益、援助者のコスト、援助に関わる他の要素（例：誰からの、どのような援助か、など）や感情について、どの程度感じたか測定した。仮説が正しければ、アメリカではグリーンバーグと同様の結果が再現され、日本では援助者のコストが自己の利益よりも強く心理的負債の大きさに影響することが予想される。

調査結果は重回帰分析を用いて分析した。この分析では、一つの変数に対する複数の変数の

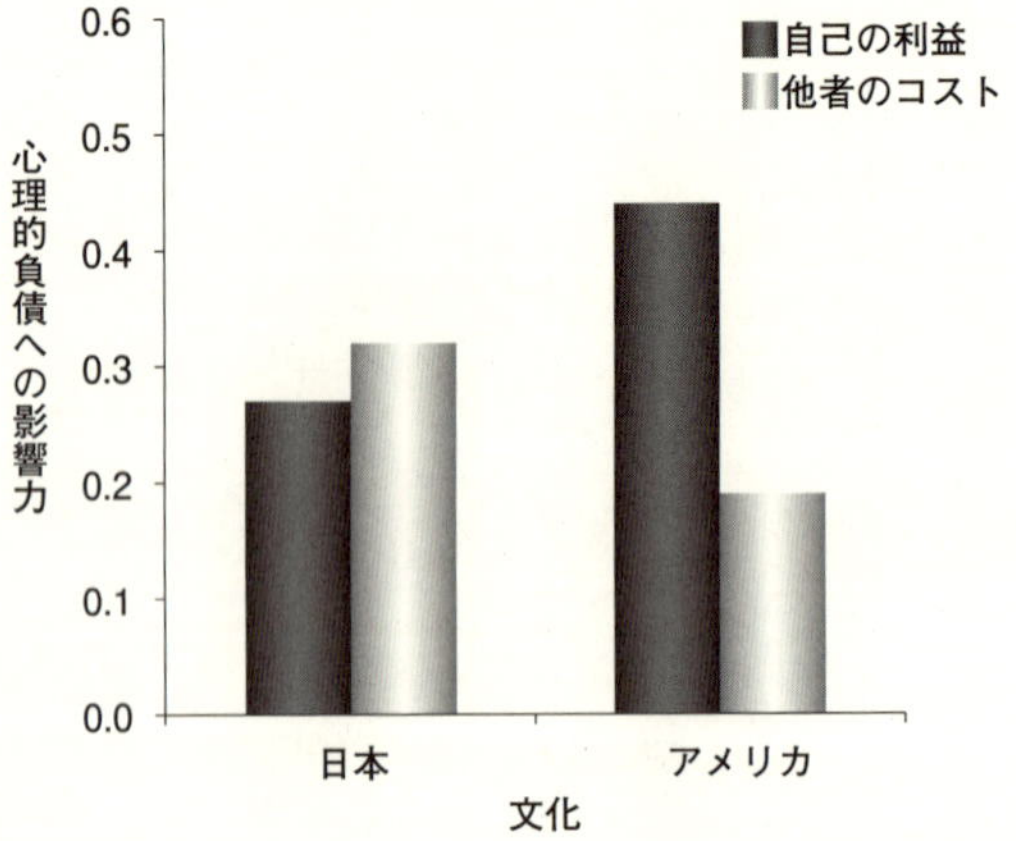

図 2　心理的負債に対する自己の利益と他者のコストの影響力の日米比較

相対的な影響力が算出される。影響力とは、自己の利益と他者のコストのそれぞれについて、高く評価した個人ほど心理的負債も高く評価したという比例関係の強さである。分析の結果、仮説の結果が得られた（図2参照）。心理的負債は、個人主義文化では自己の利益を、集団主義文化では援助者のコストを優先的に評価して感じる。依然、両文化で自己の利益と他者のコストはもっとも大きい二つの心理的負債の規定因であった。これは比較文化研究だからこそ知りえた心理的負債の真の法則である。

興味深いことに、援助されて感じた他の感情の強さを比較すると、ポジティヴな感情（例：感謝、うれしい）とネガティヴな感情（例：恥ずかしい、すまない、悲しい、後悔）が、日本の学生でのみ比例関係にあった。つまり、日本の学生は助けられて「うれし、恥ずかし」という割り切れない感情経験をしていた。さらに、援助者のコストを大きく見積もっていた日本人学生ほどポジティヴな感情もネガティヴな感情も強かった。日本では他者の迷惑を考えることと、割り切れない感情を抱くことに関係があるようである（文献６）。

文化と幸せ

個人主義の文化差はアイデンティティの文化差に関わる。自己概念に含まれる多くの情報の中で、自分にとって重要性が高い情報を「アイデンティティ」と呼ぶ。アイデンティティには個人的な情報（例：勤勉）と、社会的な情報（例：バレー部員、二児の母、A君の彼女）の二種類があり、前者を個人的アイデンティティ、後者を社会的アイデンティティと呼ぶ。個人主義文化は個人的アイデンティティを、集団主義文化は社会的アイデンティティを、それぞれ優先的に奨励している文化である（どこの文化でも両方重要ではある：文献７参照）。

人間のアイデンティティは精神的健康の基盤である。例えば、自分にとって重要な目的を達成することは嬉しく、重要な他者を失うことは悲しい。個人主義の次元が個人のアイデンティティを形成する要因であるのならば、何によって精神的健康が得られるのかにも個人主義の文化差が存在すると考えられる。あたかも、野球では相手チームより得点することが幸福をもたらし、剣道では一撃を与えることが勝利をもたらすように、個人主義文化における幸福と集団

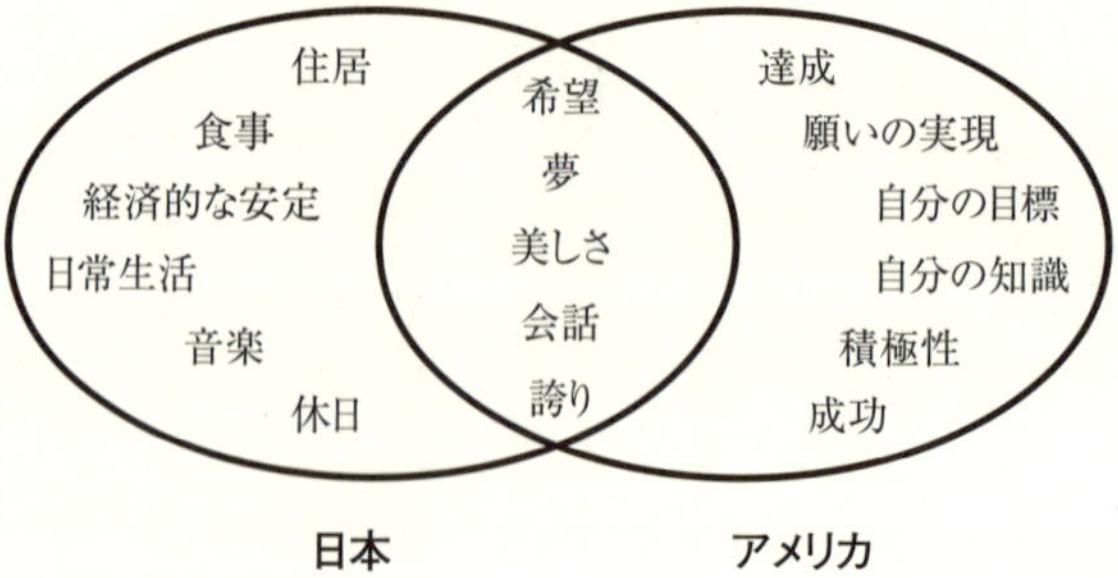

図3　幸福の意味づけの日米比較

注）　円が重なった部分は日米共通の、そうでない部分は各文化独自の幸福概念を指す。

主義文化における幸福とで、人々が持つ意味合いに違いがあるかもしれない。また、両文化で共通の要素があれば、真の精神的健康に迫ることができる。

そこで筆者は幸福概念の日米比較を行った。この研究では、文化によって幸福感がどのような下位概念で構成されているかを探索した。幸福に関する単語を日米から収集して翻訳し、日米の学生を対象にそれぞれの満足度を評定させ、双対尺度法を用いて類似した満足感を持つ個人同士を集めることで、日米の学生が思い描く幸福感を浮かび上がらせた。

分析の結果、まず日米の共通性が分かった（図3参照）。それは希望や夢、美しさといった、人間の肯定的特性に近い概念であった。次に、各文化の独自性として、アメリカの学生が自分の理想を実現することや成功することを幸福と捉えていたのに対し、日本の学生は日常的なものごと（例：日常生活）を幸福と捉え

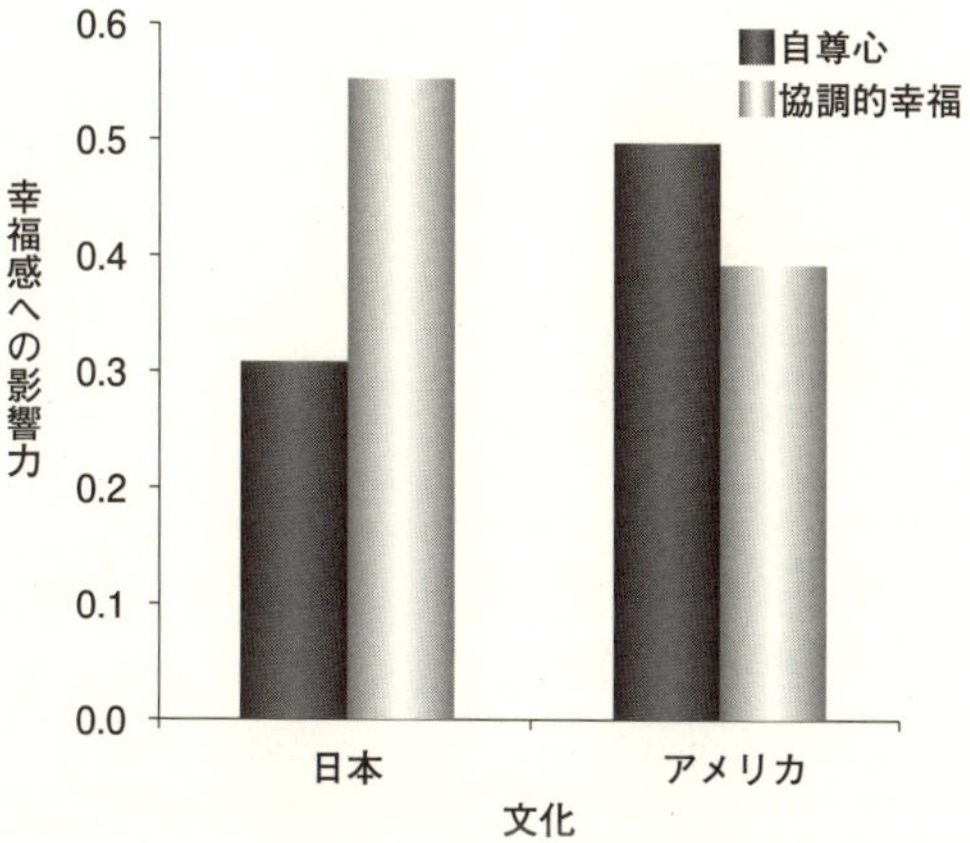

図4　心理的負債に対する自己の利益と他者のコストの影響力の日米比較

ていることが分かった。おそらく、個人主義文化の幸福概念が自己の内的、肯定的特性を追及してこれを実現することであるのに対し、集団主義文化の幸福概念は現状を全面的に受け入れ、これを壊さないよう平穏に維持することにある。さらにこの仮説をもとに、自己の内的、肯定的特性の評価として「自尊心」と、現状に準拠した結果である「協調的幸福」を測定し、アメリカでは前者が後者よりも、日本では後者が前者よりも全般的な幸福感に強く影響することを示した（図4参照）。つまり個人主義の文化差は、人々が何によって幸福感を感じるかを左右する文化差であることも分かった。

文化の間と文化の中

自己は、文化と個人の行動を結ぶ社会心理学的概念である。ただし、自己観の文化差（文化の間の違い）

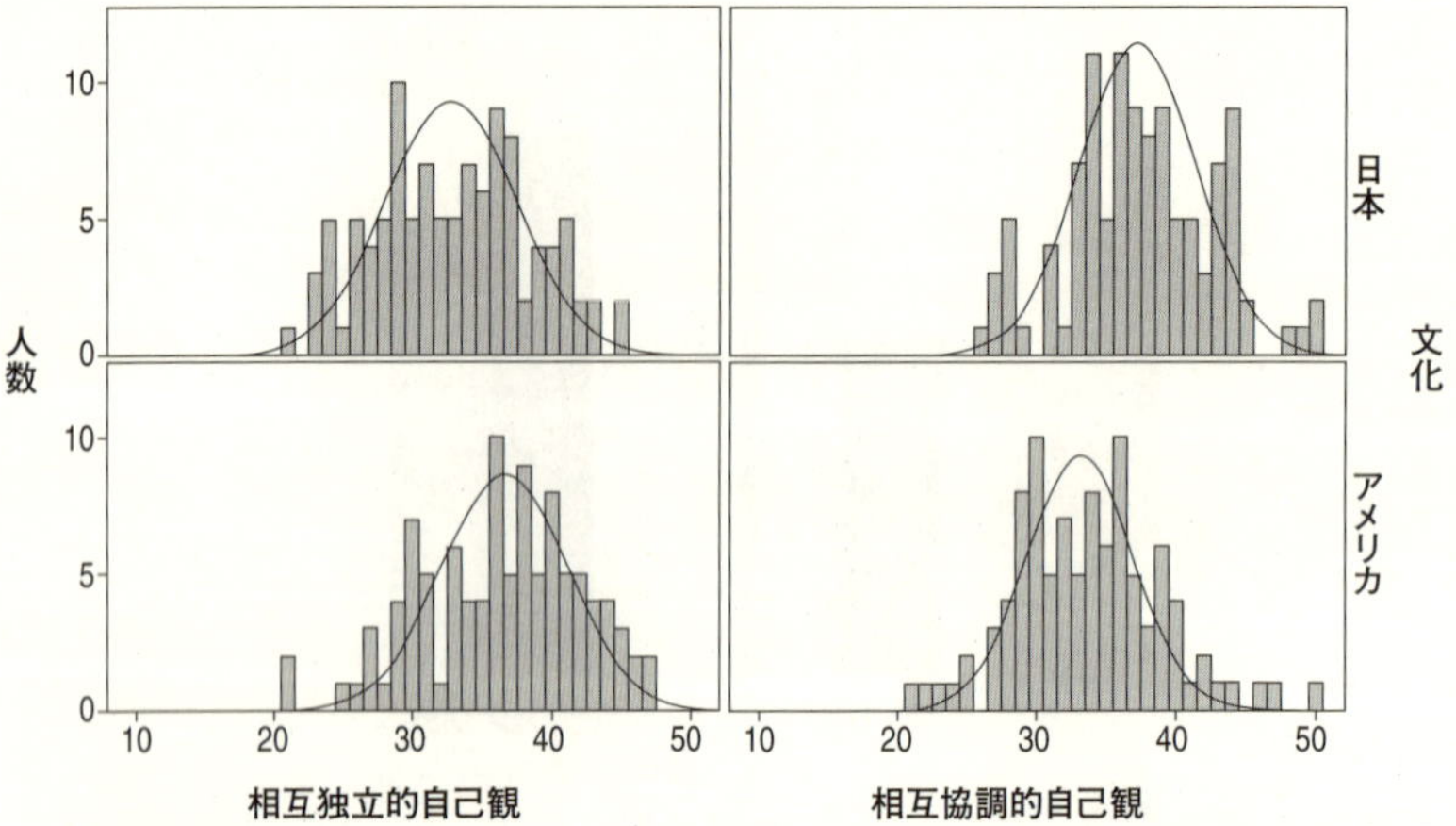

図５　相互独立的自己観と相互協調的自己観の得点分布の日米比較

から分かることと、自己観の個人差（文化の中の違い）から分かることは別である。これまで紹介した研究は文化の間の違いに注目したものであった。

筆者の研究でも、個人主義的な自己概念である「相互独立的自己観」の得点と、集団主義的な自己概念である「相互協調的自己観」の得点に（文献８）、個人主義文化のアメリカと集団主義文化の日本で平均値の違いが見られた。同時に、各文化の中に個人差があることも明らかになった（図５参照）。将来の研究では、この個人差がなぜ生まれ、何の行動と関連しているか検討する必要がある。北米文化の影響を様々な形で受けている日本では、文化の時代的変化も含め、地域差や個人要因など文化の中の研究を怠ってはならない。

比較文化心理学の必要性

このように、比較文化心理学では意味ある次元上で文化を比較することで、人間が築いた文化の多様性を跨いで存在する行動の法則と、文化差を説明するための次元を探している。比較文化心理学は経験科学が限られたデータを証拠とするゆえに生じる人間理解の偏りを健全に補うと共に、応用の仕方によっては人類が直面している問題に対処できる学問である。

現代は経済に主導された世界規模の急速なグローバル化と、環境問題、文化間の葛藤（例：戦争と移民問題、経済的、宗教的、人種的対立、異文化間交流）に直面している。これらの問題は地球規模で取り組まなければ人類全体に被害が及び、過去の進化の過程では人類が出会わなかったという点で特殊である。日本からみればこれらの問題は遠い世界のものに思えるかもしれない。しかし、未来では現在の労働者数人分の生産を一人の成人が請け負わなければ現在と同じ生活ができなくなるとしたらどうだろう。労働力の輸入に伴い、私たちの子どもの世代ではクラスの半分が海外出身の学生になるとしたらどうだろう。アメリカでは、メキシコからの移民の増加によって半世紀もたたないうちにヨーロッパ系白人が少数派になると予想されている。メキシコ文化は家族と同胞に対する強い絆と多産を重んじる集団主義文化であるが、アメリカは個人主義文化である。もともとメキシコ系移民では抑うつが少なかったが、アメリカ文化で暮らす世代ほど抑うつが多いことが分っている。近年の調査によれば、価値観が互いに似てきている国々と、反対にますます異なる価値観に拡散している国々が存在する。価値観の分裂は文化間の対話を減らし、葛藤の種となる。異なる文化で本質的には何が同じで、何が異なっているのかを合理的に理解することは、文化間の葛藤解決と、それぞれの文化を尊重した共存に直結するのである。その一歩として、進化に由来する感情の文化的多様性を示すことは、私たちの社会的行動を真に理解する上で貴重な知見を提供する。現代には、比較文化心理学が不可欠である。

文献

1 Markus, H. R., & Kitayama, S. (1991). Culture and the self: Implications for cognition, emotion, and motivation. *Psychological Review*, 98, 224-253.

2 Hofstede, G. (2001). *Culture's consequences: comparing values, behaviors, institutions, and organizations across nations*. Thousand Oaks: Sage.

3 Heine, S. J. (2008). *Cultural Psychology*. New York: W. W. Norton & Company.

4　Greenberg, M. S. (1980). A theory of indebtedness. In K. J. Gergen, M. S. Greenberg, R. H. Willis, (Eds.), *Social exchange: Advances in theory and research.* (pp. 3-26). New York: Plenum Press.

5　一言英文・新谷優・松見淳子「自己の利益と他者のコスト――心理的負債の日米間比較」、『感情心理学研究』、第十六巻、二〇〇八年、一―一二頁。

6　一言英文「対人的負債感」、菊池章夫・有光興記編、『自己意識的感情の心理学』京都：北大路書房、二〇〇九年、一〇六―一二五頁。

7　Kashima, E., & Hitokoto, H. (2009). Cultural similarities and differences in social identification in Japan and Australia. *Asian Journal of Social Psychology, 12,* 71-81.

8　内田由紀子「日本文化における自己価値の随伴性――日本版自己価値の随伴性尺度を用いた検証」、『心理学研究』、第七九巻、二五〇―二五六頁。

第5章 母親の幸福度からみた現代の子育て

石　暁玲

子育て中の母親たち

私たちは生活の中で、赤ちゃんや子どもに出会った時、「可愛い！」と心の底で呟き、思わず微笑みを送ったことがないだろうか。しかし、実際子育てをしている母親の心境を覗くと、輝かしい子ども像と裏腹に、辛くて、寂しくて、さらに絶望的で、子育てという重荷に耐えきれなくなり今にも狂いそうになる母親像の一面を知ることができる。一九九六年に出版された『読んでくれて、ありがとう』には、一九二名の母親の叫び声が掲載されている（文献1）。「子どもといるのが苦痛でたまらない」、「ダメな母親」、「今日も上の子をいじめてしまった」、「私の心の中に悪魔が住みついている」、そして「憂鬱な公園」では「友だちができず、地獄のような毎日」というビックリするほどの内容ばかり。わずらわしい近所づきあい、平等に扱ってくれない夫との「家庭内離婚」状態、さらに祖父母世代とのいざこざからくるストレスなど、この本から現代の子育て中の母親たちを潰してしまいそうな息苦しさが胸に迫ってくる。

尊い人類の営みである子育ては、こんな暗いものであろうか。惨めな思いで子育てするのではなく、幸せな気持ちで子育てすることはできないのだろうか。またそれはどうすれば実現できるのか。このような疑問は筆者らの研究の出発点となった。本章では、多くの国において育児の主体者である母親の幸福をテーマに取り組んだ筆者らの研究の一部を紹介していく。

育児不安とは?

日本では七〇年代に起きた一連のコインロッカー・ベビー事件をきっかけに、育児不安の問題が社会問題として取り扱われるようになったと言われている。最初に「育児不安」という言葉が使われたのは、高橋・中の論文においてである（文献2）。育児における心配や困難感などネガティブな側面は主に育児不安として研究され、医療保健や心理学などの領域で取り上げられてきた。

今日に至って、育児不安はますます拡大し、一部の家庭に限られた問題ではなく、むしろどの家庭にも起こりうる問題として捉えなおすべきである。最近の全国調査によれば、母親の約八割が子育てに何らかの負担を感じているという（文献３）。育児不安は個別な母親の固有な問題として処理されることもあったが、最近の研究では、育児不安を女性の自己の成長という観点から理解するようになってきている。

柏木は、専業主婦より有職の母親の育児不安が一貫して低いことから、育児不安は、育児だけで女性の生きがいが満たされないために、女性の自己実現と育児との拮抗から起こることを指摘した（文献４）。筆者らは現代の育児問題は個人の固有な病理ではないという立場に立ち、母親の心身充足状態である幸福度（ウェルビーイング）を焦点にした研究が真の育児支援につながると考え、その視点から、育児不安の軽減について研究した。

日本の育児期母親は幸福度が低い？

厚生労働省の行った国民生活基礎調査の集計結果を用いて、人が生涯にわたって経験するストレスを分析した結果、女性はどの年齢層においても一貫してストレス経験率が男性より高く、また育児期女性のストレスは最も深刻であった（文献5、図1参照）。また、「子育ては楽しいか」という質問を行った国際比較のデータから、日本の育児期母親の幸福度が低いことが明らかにされた。深谷が行った幼児を持つアジア地域の母親の比較によれば、日本の母親が「子育

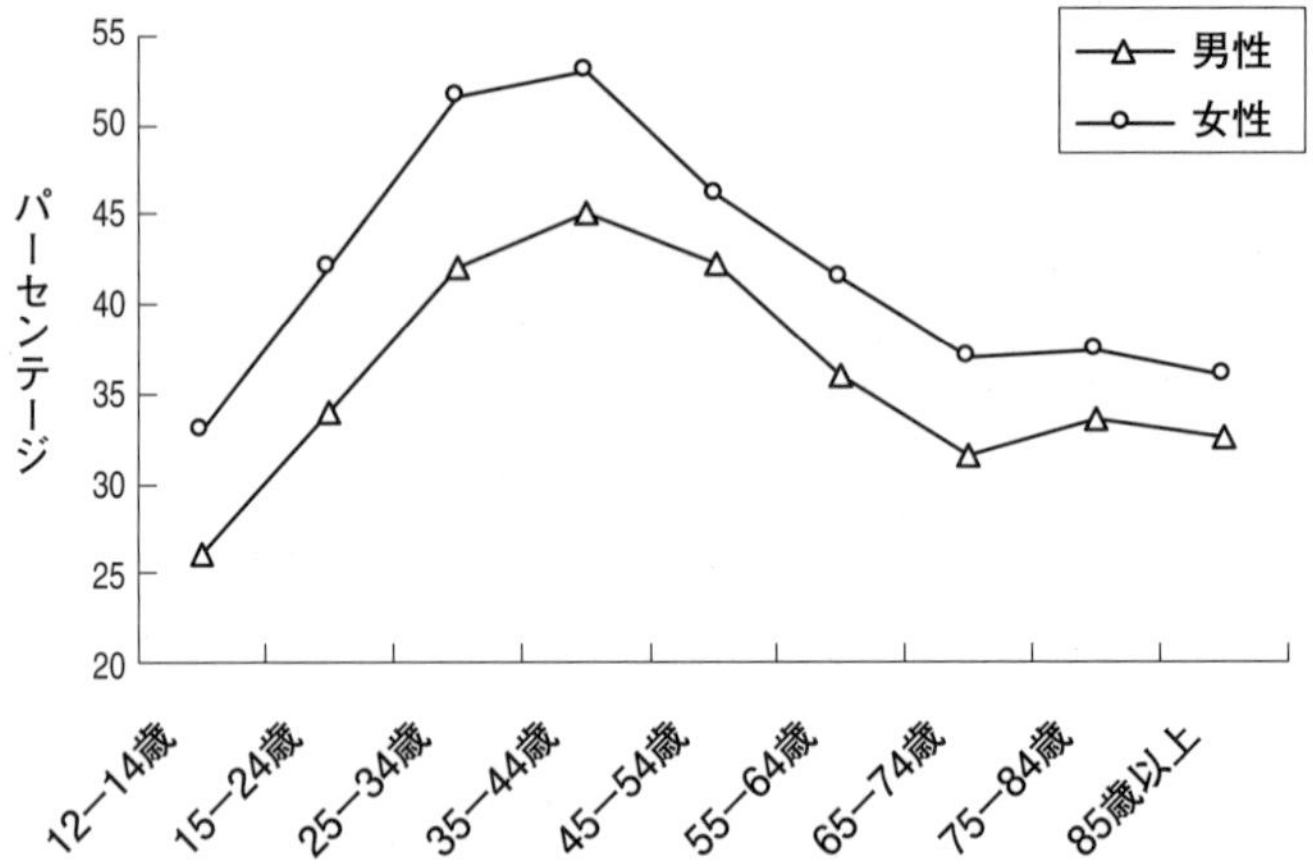

図1　性別年齢別「悩みやストレスがある」人の割合

（稲葉，1999，p. 53より引用）

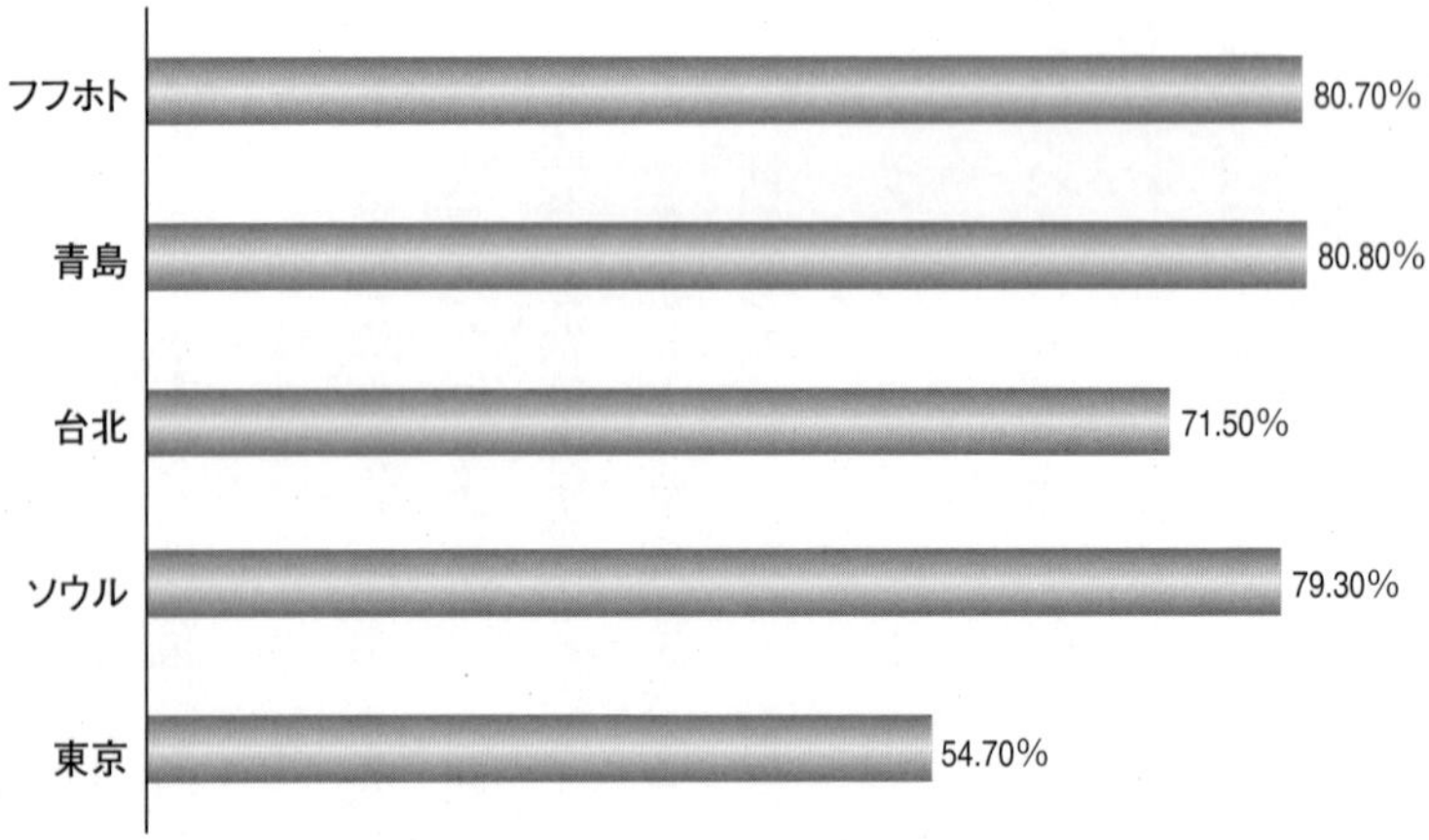

図2「子育てはとても楽しい」「かなり楽しい」と答えた割合の合計

（深谷，2008，p. 90より改編）

てが楽しい」と感じている割合は、韓国や中国・台湾に比べると低かった（文献6、図2参照）。日本の母親が子育てを楽しめないことの背景として、母親ばかり育児の担当になっており、祖父母による子育ての支援や夫の手伝いが少ないことがあげられている（文献6）。

以上のデータから読み取れるように、日本において、男性や他の年齢層の女性に比べ、育児期女性はもっとも幸せを感じにくく、また国際的にみても育児期母親の幸福度が低いことが示された。

育児不安は子育てに何をもたらす?

日本においては、育児は楽しいと感じにくく、前述したように育児不安を抱える母親が多い。「育児不安」は育児支援の重要なキーワードの一つであり、育児不安の問題は子育ての中心問題として見なされている。従来母親の持つ不安、抑うつなどの特性と子どもの発達との関連が多く検討されてきており、母親の持つ育児不安が子どもの発達に悪影響を与えるという指摘があるものの、子育てに何をもたらすのかについて実証的検討はあまりされていない。

そこで、筆者らは現在社会的関心が高まっている子どもの問題行動を取り上げ、母親の育児不安との関連を検討した（文献7）。子どもの問題行動は、世界的に広く使われ、日本でも標準化されている「子どもの行動チェックリスト（Child Behavior Checklist）；ＣＢＣＬ尺度」

を用いて査定し、母親の育児不安とともに、母親の就労に伴う早期保育、および現代の子どもを取り巻く生活状態（食行動、睡眠、遊び）も視野に入れ、子どもの情緒的・行動的問題をもたらすリスク要因を探った。

二歳以上の保育園児とその母親計一六九組を対象として、まず子どもの情緒と行動の発達について、母親が評価するCBCL尺度による分類を行った。二、三歳児と四、五歳児のそれぞれの内向的問題得点・外向的問題得点・総得点を判定基準に従って正常域・境界域・臨床域に分類した割合を図3、図4に示す。

CBCL尺度により分類された臨床域と境界域に分類された子どもを問題群とみなし、健常群（正常域に分類されたもの）との比較において、子どもの情緒的・行動的問題のリスク要因を分析した。図5に示したように、子どもの内向的問題（ひきこもり、不安・抑うつなど）では、母親の育児不安が高く認知されることによって、問題群となるリスクは増えることが示された。また、早く保育を開始した子どもの方が遅い者より、問題群となるリスクが低くなることが示された。さらに、母親が子どもの望ましい食事行動を認知していると、問題群となるリスクは低くなることがわかった。

外向的問題（非行問題、攻撃行動など）および総得点と関連していたのは、育児不安と保育開始年齢であった。母親の育児不安が高いと、また保育開始年齢が遅れると、問題群となるリ

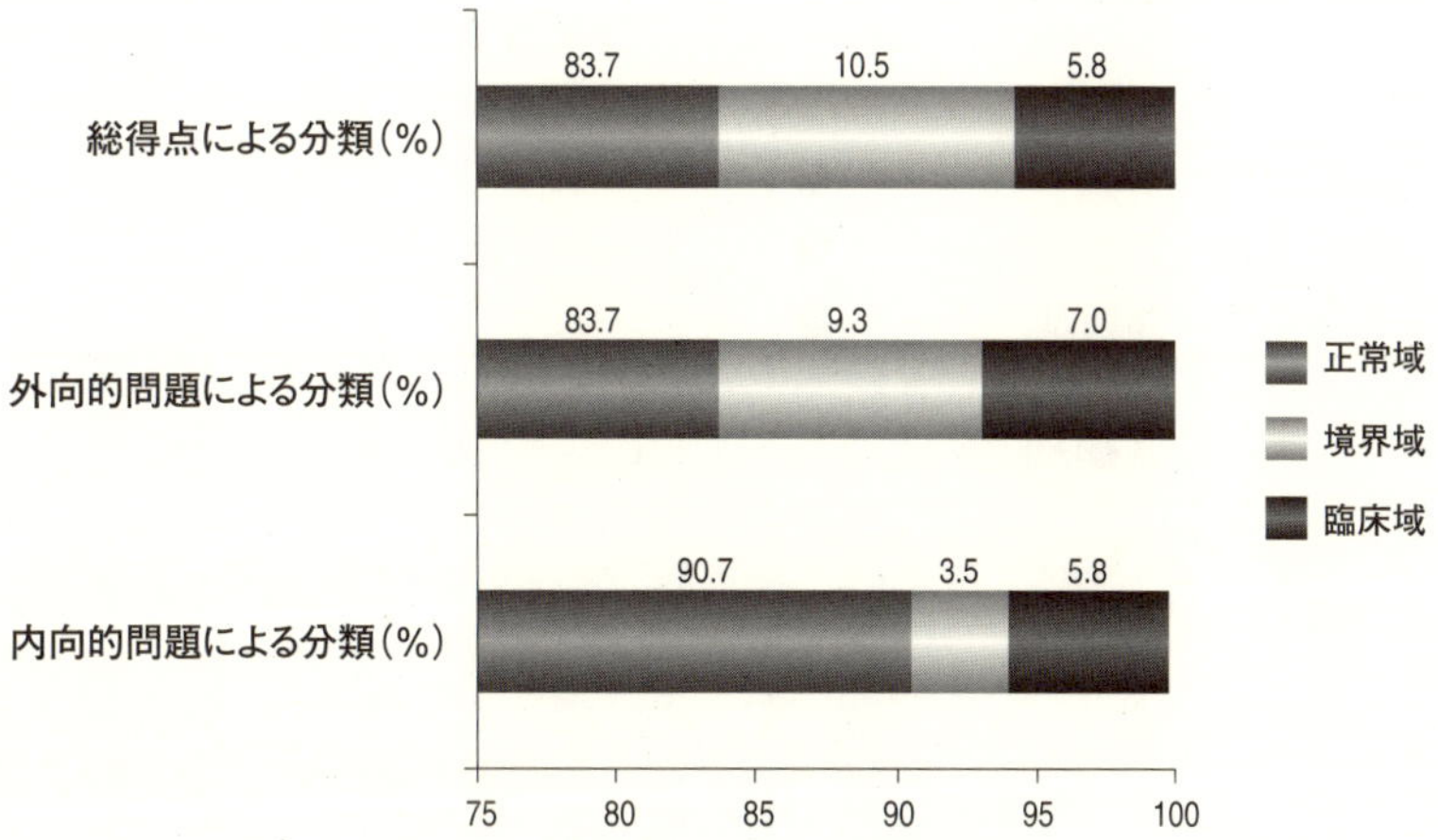

図３　2, 3 歳児の CBCL 分類結果

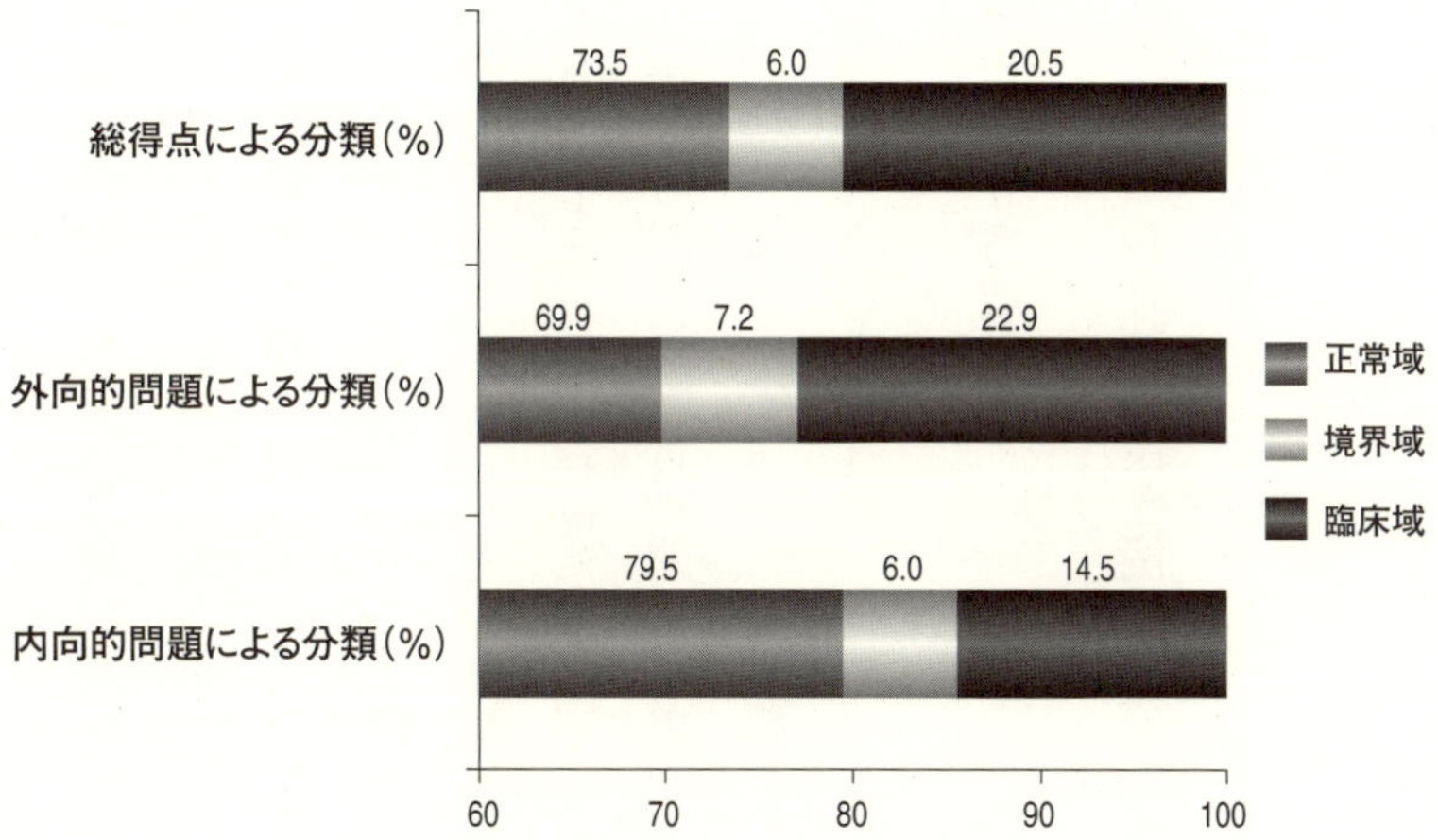

図４　4, 5 歳児の CBCL 分類結果

	育児不安	早期保育（保育開始年齢）	望ましい食事行動
内向的問題リスク	●	○	○
外向的問題リスク	●	○	—
総得点による問題リスク	●	○	—

図5　リスクの関連要因

●はリスクを高める要因、○はリスクを低める要因、－は無関連を示す。

スクは高くなることがわかった。

以上の分析から、母親が自覚している育児不安が高ければ、子どもの内向的問題・外向的問題をはじめ全般的な問題を認知しやすいことが明らかになった。また、保育開始年齢が早いほど子どもの情緒・行動の発達にポジティブに働くことが示されており、これは一般に信じられている「乳幼児期の子育ては母親の手で」という意見とは反するものである。また、早期保育と子どもの生活状態の要因を統制しても、母親の育児不安は一貫して子どもの情緒・行動問題を予測するリスク因子であることから、母親の持つ育児不安は子どもの発達との間に密接な関係があることが実証的に示された。

夫からサポートを引き出す方法とは?

母親の育児不安は、母親自身の精神的健康と関連していることが先行研究において示されている一方、先述したように子どもの情緒と行動の発達にも密接に関連することもわかった。それだけでなく、妻の育児不安が自分の仕事にまで影響しているとする夫が七割を占めていることも報告されている（文献８）。これらのことから、母親の育児不安を軽減していくことが育児期家庭への支援につながることが明らかである。

近年では、母親の育児不安を母親の個人的不適応として取り扱うのではなく、母親を取り巻く社会的文脈の要因が育児不安を規定するとみるようになってきた。これまで乳幼児をもつ母親の育児不安の軽減要因に関する研究は、主に母親が認知（知覚）しているソーシャル・サポートとの関連を検討することに重点を置く傾向が見られ、核家族における家庭内の唯一のサポート源である夫からのサポートの有効性が強調されている。このように、夫からのサポートは母親の育児不安の軽減に有効であることは明らかになっているが、夫からサポートを引き出す方法が分からなければ、育児不安が減ることにはならない。

筆者らは、育児不安を育児によって生じるストレス反応（ディストレス）と見なし、ラザルスとフォルクマン（文献９）が提唱した考えに立脚した心理学的ストレス理論が夫婦関係においても適応できるかを検証した（文献10）。ディストレスと対人関係のパラダイムの研究結果によれば、①ソーシャル・サポートはディストレス（抑うつ・不安・身体的不調など、個人の経験する不快な主観的状態）の軽減効果を持つこと、②ソーシャル・サポートの入手は受け手自身の対人スキルと関連があること、そして③個人の対人スキルはディストレスの軽減と関連があることなどが明らかになっている（図６）。そこで、サポートを入手する母親側の要因と

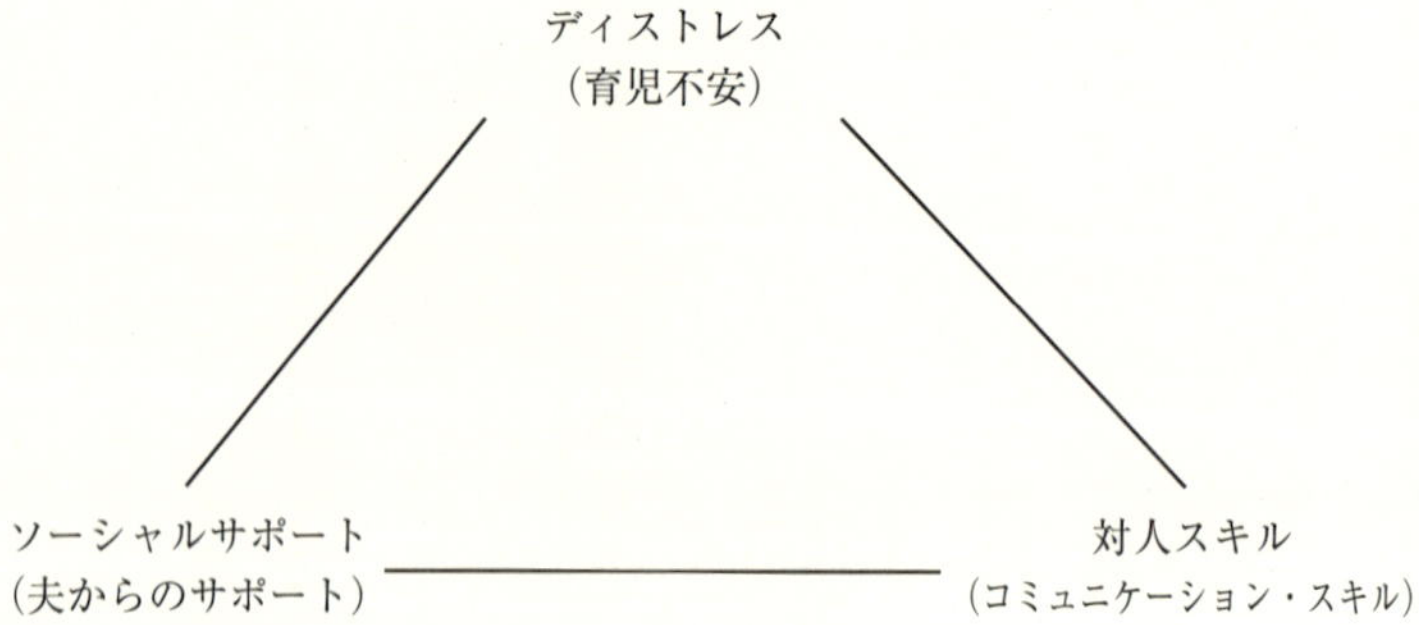

図６　育児不安における心理学的ストレス理論

して、対人スキルの中核である「コミュニケーション・スキル」を取り上げ、母親の「育児不安」と「夫からのサポート」及び夫に対する「コミュニケーション・スキル」の三者に関連があると考え、この三者間の関係性を検証した。

　夫に対する母親のコミュニケーション・スキルについて、日本文化の特色を十分配慮したＥＮＤＮ（Encoding-Decoding）尺度の短縮版ＥＮＤＮ２（文献11）を用いて測定した。この尺度は対人コミュニケーション（言語・非言語）の全般に関わる基本スキルを測定するものであり、「記号化」、「解読」、「統制」の三つの下位尺度からなる。「記号化」は自分の意図や感情を相手に正確に伝えるスキル、「解読」は相手の意図や感情を正確に読み取るスキル、「統制」は感情をコントロールするスキルと定義されている。

　乳幼児を持つ母親を対象とした分析結果より、「夫か

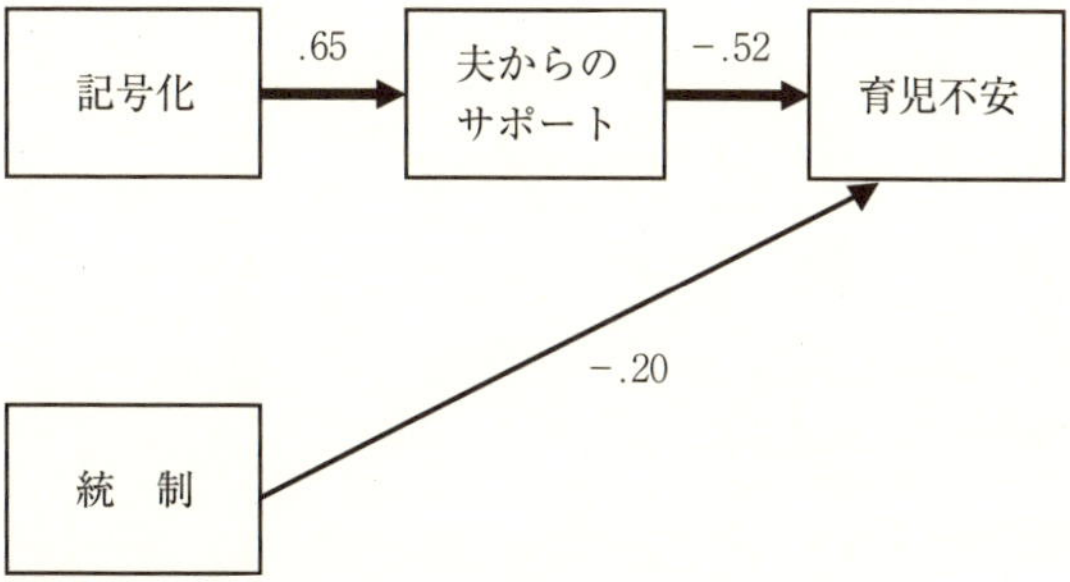

図７　母親のコミュニケーション・スキル、夫からのサポート、育児不安の関係
線の上の値の大きさが関係の強さを表す。

らのサポート」を入手するには、母親の夫に対するコミュニケーション・スキルである「記号化」が寄与していること、そして母親の育児不安を軽減するには、「夫からのサポート」および母親の夫に対するコミュニケーション・スキルである「統制」が寄与していることがわかった。これらの結果を統合的に考えれば、母親（妻）の「記号化」は「夫からのサポート」を強く規定し、「夫からのサポート」によって、母親の「育児不安」が軽減される過程が明らかになった。また、母親（妻）のコミュニケーション・スキルの「統制」は弱いながらも直接「育児不安」を軽減させることが示された（図７参照）。

以上の結果から、心理学的ストレス理論による知見が夫婦間においても適用できることが検証された。

夫婦間のサポートの原動力は、親密さと信頼を有する夫婦関係にあると考えられている。一方、「記号化」は自分の意図や感情を相手に正確に伝えるスキルである。

「記号化」が優れていると認知している妻は、自分自身の意図や感情を夫に伝えるという行動力を持ち、またその行動の効果として夫に正確に伝わっているという自覚があると思われる。つまり、満足度の高い夫婦間コミュニケーションが成立していると考えられる。夫婦間コミュニケーションがスムーズに行われていることは、夫婦間の親密な信頼関係の形成・維持に寄与し、こうした信頼関係が存在しているからこそ、夫からサポートを受けていると感じることに繋がったのであろう。

またコミュニケーションにおける感情をコントロールする「統制」は、母親の成熟性を表わす指標と考えられる。人格の成熟は母親の養育性と深く関わるものと考えられ、それが育児不安の低さに繋がっているのであろう。つまり、夫に支えられ、心の安定を持った育児生活を実現するためには、母親（妻）は夫婦間コミュニケーションを介して、親密な信頼関係を築くことが重要であり、とりわけ自分の意図・感情を夫に主体的かつ的確に伝える必要があることが示唆された。

しかし、日本文化には根強く「遠慮」と「察し」によるコミュニケーションという特徴があり、「黙っていてもわかり合える」関係を夫婦の理想と考えるようなコミュニケーション観・夫婦観が存在している。本研究の結果は、従来の日本の夫婦のコミュニケーション観に反し、今の若い世代では人々の察する能力が育っていないために、家庭内における言語的コミュニケーション不足が現代家族のさまざまな問題を生じさせているという指摘を支持している。したがって、育児中の母親は夫からサポートを引き出すには、まず伝統的なコミュニケーション観から脱却する必要がある。その上で、「記号化」という機能面について今一度点検し、夫と積極的に意思疎通を図っていく行動に移すことが勧められる。同時に「統制」という機能面も大事であり、感情をコントロールできるコミュニケーション・スキルを身につける必要があると言える。

「幸せの子育て」を求めて

現代の子育て中の母親を見つめると、幸せな子育ての実現は容易なことではないように思える。育児不安のさまざまな要因について、伝統的母親役割への同調、社会からの孤立、他の子どもとの比較、ソーシャル・サポートの不足、育児環境の不備などがこれまでに指摘されている。これらの要因の共通点は、育児中の母親の心身が満たされないことにつながっていることである。

個々の家庭・個人のレベルからみれば、育児不安を引き起こすもっとも大きな要因は人間関係であることが報告されている。つまり、育児の問題は人間関係の問題であるという見方ができる。

筆者らの研究によって、母親の持つ育児不安は子どもの情緒と行動の発達に密接に関連することが明らかにされた。また、母親の主体性を見据える視点から、母親自身の行動・意識を変えることで育児不安を軽減することも可能だということが明らかになった。育児期の母親の自己実現（仕事に限らず、例えば一時自分の時間を作りたいことも含め）のために、周りからの理解が必要であり、そして親子を取り巻く複雑な人間関係の調整も必要になる。幸せな子育て、つまり母親が精神的に充足し育児にあたるためには、母親を取り巻くさまざまな人間関係を母親自身が積極的にコーディネートする必要があると言えよう。特に身近に存在する父親（夫）に自分の本音を伝えることから始めることが重要である。

また、これまでの先行研究および筆者らの研究結果にも示されているように、育児問題は文化とセットに考えなければならない。文化的側面から育児期母親のウェルビーイングを検討していくことが意義深いと考える。また、ウェルビーイングを考える時、育児不安というネガティブな側面だけでなく、ポジティブな側面の指標を用いた検討も重要である。今後、いかなる個人的特性や環境要因が幸せにつながるかについて、文化的特質の要因を明確にするために、異なる文化との比較検討が必要である。

文献

1　プチタンファン編集部『読んでくれて、ありがとう』、東京：婦人生活社、一九九六年。
2　高橋種昭・中一郎「母性の精神衛生に関する研究」、『児童研究』、五五号、一九七六年、五三―八一頁。
3　厚生労働省大臣官房統計情報部『第一回二一世紀出生児縦断調査（平成一三年度）』、東京：厚生統計協会、二〇〇三年。
4　柏木恵子「育児期女性の就労中断に関する研究―なぜ仕事を辞めるのか?辞めるとどうなるのか?―」、『平成一四年度埼玉県男女共同参画推進センター共同研究報告書』、東京：With You 埼玉県男女共同参画推進センター、二〇〇三年。
5　稲葉昭英「ストレス経験の生涯発達的変化と性差：平成七（一九九五）年度国民生活基礎調査を用いて（特集 性別分業とジェンダーの計量分析）」、『理論と方法』、第一四号、一九九九年、五一―六四頁。
6　深谷昌志『育児不安の国際比較』、東京：学文社、二〇〇八年。
7　石　暁玲・桂田恵美子「幼児の情緒的・行動的問題に関わる諸要因：母親の育児不安と早期保育および子どもの生活状態からの検討」、『家族心理学研究』、第二〇号、二〇〇六年、一二九―一四〇頁。
8　日本労働研究機構「勤労者における育児と仕事の両立状況―男性の七割近くが『妻の育児不安が仕事に影響』」、『労働と経済』、東京：共文社、第一三四四号、二〇〇三年、一四―二五頁。
9　ラザルス&フォルクマン（本明寛・春木豊・織田正美訳）『ストレスの心理学：認知的評価と対処の研究』、東京：実務教育出版、一九九一年。
10　石　暁玲・桂田恵美子「夫婦間コミュニケーションの視点からの育児不安の検討―乳幼児をもつ母親を

対象とした実証的研究」、『母性衛生』、第四七号、二〇〇六年、二二二—二二九頁。

11 堀毛一也「恋愛関係の発展・崩壊と社会的スキル」、『実験社会心理学研究』、第三四号、一九九六年、一一六—一二八頁。

第6章　心理学からみる日本の家族

中見仁美

家族とは？

どんな人にとっても家族は身近であり、大きな存在である。あまりに身近な存在でありすぎるため、取り立てて言葉にしなくてもお互いに理解し合えたり、家族に何か問題が起こっても知らないうちに解決してしまっていることもあるだろう。そのため、家族について改めて見直そうとする機会は、進学や結婚など人生の大きな出来事がないと、ほとんどないと言えるのではないだろうか。

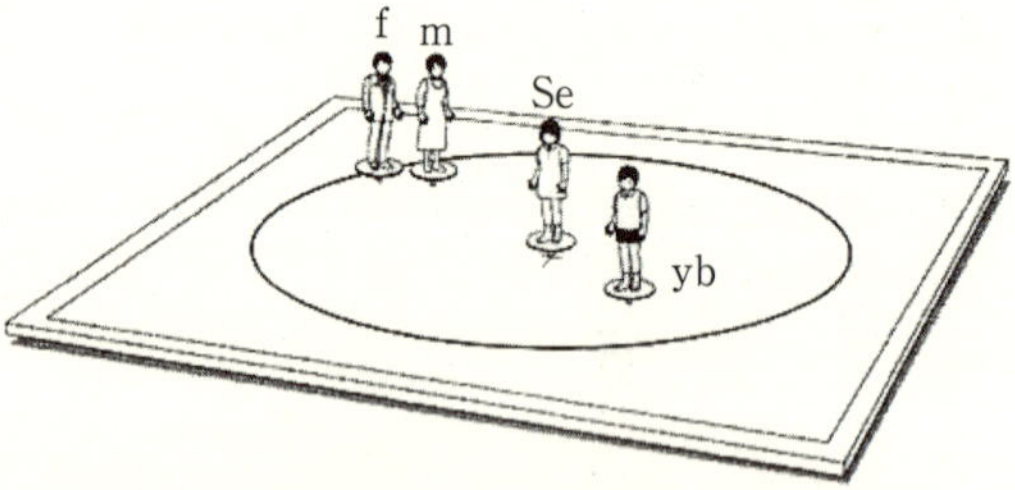

fは父親、mは母親、Seは本人、ybは弟を表す。

図1　DLTの配置例

（築地，2007，p. 45より引用）

家族を表現する方法

心理学の分野の一つ、家族心理学では夫婦や親子など家族に注目してさまざまな研究が行われている。そのなかでも、家族に見立てた人形やシール、円形のチップなどで自分の家族を表現してもらう方法（シンボル配置技法という）がある。この方法にはいろいろな種類があり、代表的なものを次に挙げる。

（1）Doll Location Test（DLT）

DLTはコルク製の検査盤（三七cm×四三cm）に直径二八cmの円が描かれた記録用紙をのせて、その円内にピンのついたプラスチック製のミニチュア人形を図1のように配置してもらい、家族を含む人間関係を表現してもらう。人形の大きさは人間の九〇分の一となっている。これまでDLTで表現された人形間の距離は家族の親密さを反映していること、母

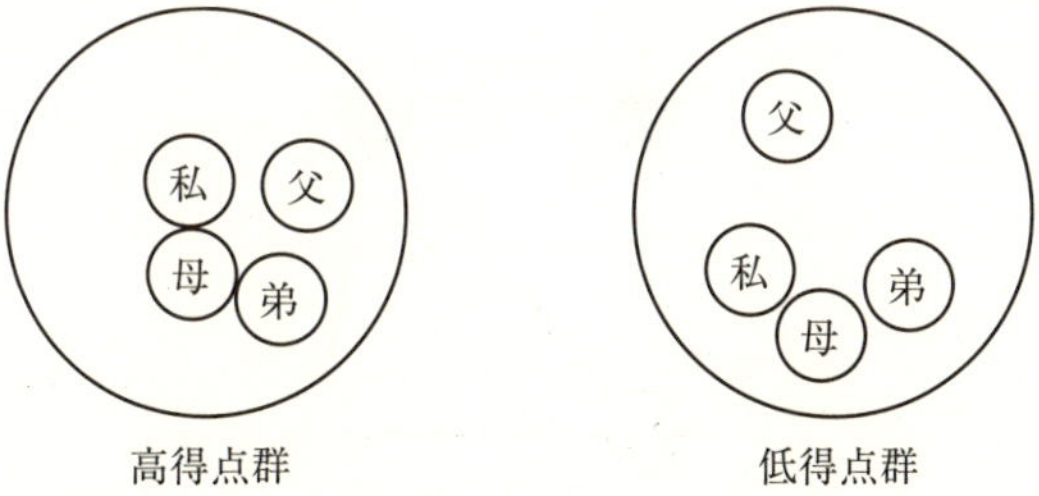

図２　家族健康尺度の得点による家族関係単純図式投影法の典型例

（草田，2002，p.８より引用）

親と子どもが、父親と母親、父親と子どもよりも近くに配置され、親密であったことが報告されている（文献１）。またＤＬＴによって、母親と子どもが密着しているのが日本の家族特徴であると指摘されている。

（２）家族関係単純図式投影法

家族関係単純図式投影法は、一円玉大の円形コマに「私」「父」「母」というように家族メンバーを記入し、直径十二㎝の円（家族の枠を示している）に自由に配置してもらう（文献２）。このコマの配置によって、現実の心理的な家族関係、理想的な家族関係を表現してもらう。これまで図２のように、家族の健康度によって、表現される家族関係のパターンに違いが生じることが明らかにされている（文献２）。家族の健康度が低いと両親間が離れて、母親と子どもが密着したパターンになり、このパターンは中学生、高校生、大学生を通じて共通していたと実証されている。

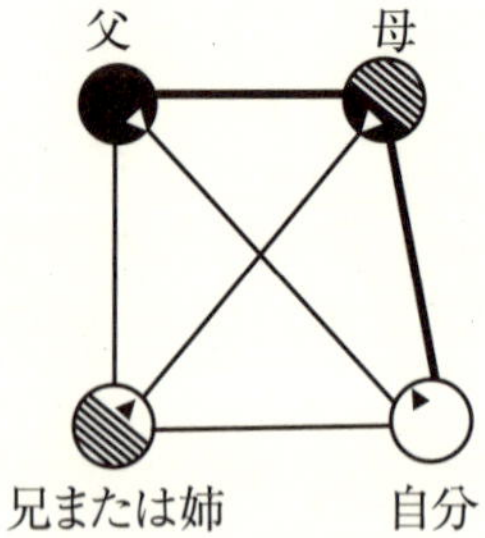

図3　平均的な大学生の FIT の配置例

（亀口，2003，p. 93 より引用）

(3) 家族イメージ法（ＦＩＴ）

ＦＩＴは「パワー」「向き」「結びつき」の指標によって、家族を表現する。図3のように、B四判の用紙に印刷された一辺十五cmの正方形の枠内に、円形のシールを家族メンバーに見立てて配置してもらう。円形のシールは直径一・六cmで、白から黒へと五段階の濃淡で色分けされ、この色によって「パワー」を表現してもらう。円形のシール内には▲が描かれており、これによって「向き」を表現してもらう。最後に各円形のシール間を三種類の線で結び、「結びつき」を表現してもらう。これまで小学生、中学生、大学生などを対象にＦＩＴが実施されている。その結果、対象に関わらず、「パワー」「結びつき」について、同様の傾向が示されている（文献3）。「パワー」は、父親がもっとも家庭内で強く、母親が二番目とされる場合が多く、「結びつき」は父母の結びつきが強い場合が多い（文献3）。

(4) Family System Test (FAST)

FASTは図4のように、九×九のマスメのあるボード、胴体がまっすぐになっている男性、胴体がスカートのように広がった女性を示す二種類の八cmの木製の人形、三種類(一・五cm、三・〇cm、四・五cm)の円形のブロックから構成されている。このボード、人形とブロックを使って、自分の家族の「親密さ」「力関係」を表現してもらう。

「親密さ」は「家族の心の結びつき、仲の良さ」と定義されている。FASTでは「親密さ」はボードの上に家族に見立てた人形同士の距離で表してもらい、人形同士の距離が近ければ近いほど、人形同士の仲が良いことを示す。「力関係」は「家族の中にある決定権や、他の家族の影響力」と定義され、人形の下に三種類のブロックを、自由に積んで表現してもらう。FASTでは人形下のブロックの高さが高ければ高いほど、その人形が家族内で力があることを示す。例えば、図4のように家族が表現されているとする。この家族は父親(F)、母親(M)、本人(Se)、上の弟(Yb1)、下の弟(Yb2)の五人家族である。この家族の場合、「親密さ」について、母親(M)と下の弟(Yb2)がボード上の隣のマスメに配置され、人形同士の距離がもっとも短いことから、家族内で母親と下の弟がもっとも仲が良いということになる。「力関係」について、父親(F)がもっとも高くブロックが積まれているので、父親が家族内で一番力があるということになる。

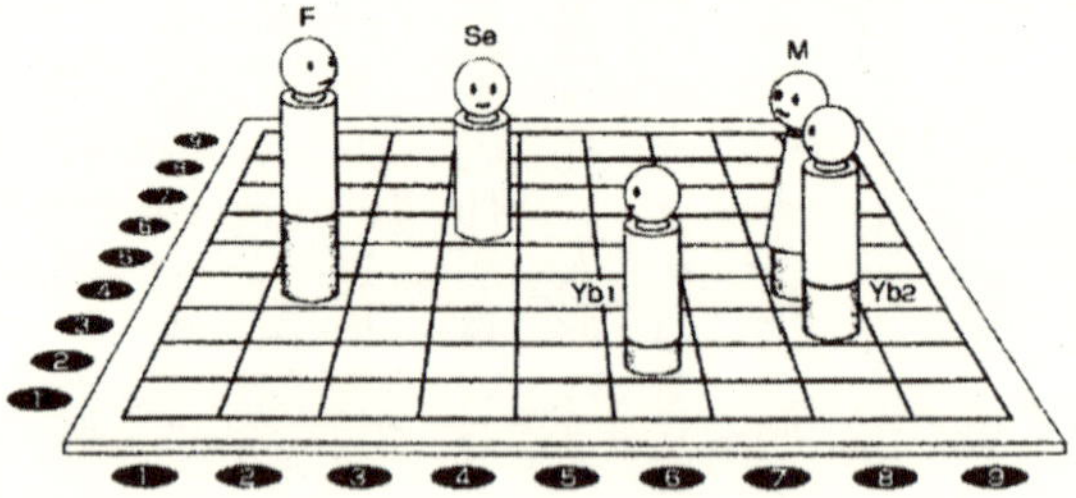

図 4　FAST 人形配置の図

（築地，2001，p. 137 より引用）

ＦＡＳＴでは人形配置後に、どのようなことを考えながら家族に見立てた人形を配置したのかについて、いくつか決められた質問をする。ＤＬＴ、家族関係単純図式投影法、ＦＩＴなどのシンボル配置技法とＦＡＳＴを比較すると、ＦＡＳＴはＤＬＴ、単純図式投影法のように心理的距離だけでなく、力関係も測定できる。またＦＩＴは二次元で力関係を表現させるが、ＦＡＳＴは三次元、高さを使って力関係を表現させるため、視覚的に捉えやすく、家族を表現しやすいことが挙げられる。これらのことから、筆者らはＦＡＳＴがシンボル配置技法のなかで、もっとも家族を反映するのに適していると考え、ＦＡＳＴを取り上げて研究している。

FASTの家族の見方は?

ＦＡＳＴで表現された家族をどのように見るかは、見る人によって異なるかもしれない。そのため、ＦＡＳＴを開発したゲーリングは、FASTをどのように見るか、つまり評価基準を設けている。まず、「親密さ」と「力関係」を個別に評価する。「親密さ」はすべての人形が隣り合ったマスメに配置されていれば「高」、すべての人形が隣り合っていないが、ボード上で、三×三のマスメの範囲内に位置している場合は「中」となる。ただし、家族の人数が五人であれば一個、六人であれば二個の割合で、三×三のマスメの範囲外に位置している場合、範囲内の人形のいずれかと隣り合っていればそれも「中」となる。また、人形が隙間なく一列に並んでいる場合も「中」となる。これ以外の場合、つまり、二個以上の人形が三×三のマスメの範囲外に位置している場合は「低」となる。

「力関係」は力が低い方の親（親の人形で高さが低い方）と、もっとも高いとされた子ども（子どもの人形で一番高さが高い子ども）とのブロック数の差を計算する。低いほうの親ともっとも高い子どもとの差が、ブロック三つ分（四・五cm）以上の差で親が高ければ「大」、一～二つ分（一・五～三・〇cm）であれば「中」、同じ高さあるいは子どもの方が親よりも高い場合は「小」と評価される。最後に、「親密さ」と「力関係」から「家族関係構造」を決定する。「家族関係構造」は図5のように、「親密さ」の三グループ（「高」「中」「低」）と「力関係」の三グループ（「大」「中」「小」）に基づいてそれらの組み合わせから、「調和型」「中間型」「非調和型」のいずれかに評価される。

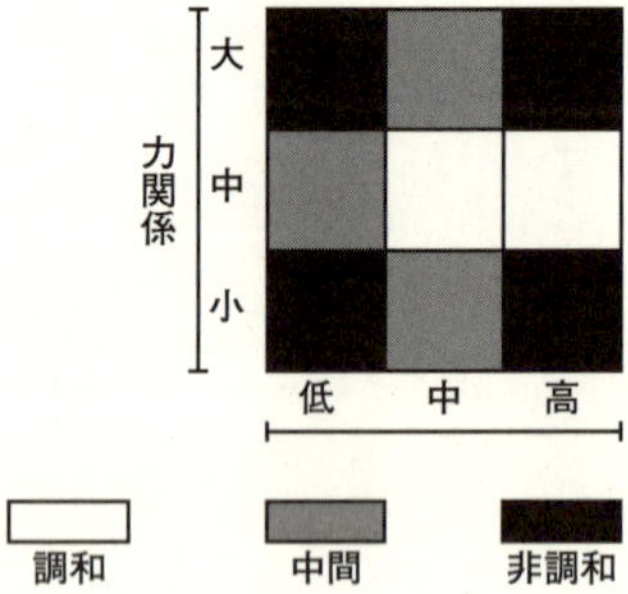

図5　家族の親密さと力関係による家族関係構造の分類

（Gehring, 1993/1997, p. 34 より引用）

図4の人形の配置にこの評価方法に当てはめると、「親密さ」は二個以上の人形が三×三のマスメの範囲外に位置しているので、「低」となり、「力関係」は低い方の親にあたる母親（M）ともっとも高い子ども（Yb2）が同じ高さなので「小」となる。「家族関係構造」は「親密さ」で「低」、「力関係」で「小」の組み合わせは、図5の評価基準で「非調和型」となる。この「家族関係構造」について、「調和型」は「親密さが高く、親子間に適度な力関係の差がある」家族を「健康な家族」、対して「非調和型」は「親密さが低く、極端な親子間の力の差（親の力がありすぎる、あるいは子が親より力がある）があり、世代間境界が不明確である」家族を「健康でない家族」とされている（文献4）。

FASTで表現される家族

ＦＡＳＴを使って、実際に現在の自分の家族を表現してもらうと、どのようになるのだろうか。青年期の子どもに

日本と欧米（スイス・アメリカ）で子どもに自分の家族を表現してもらった家族を比較すると、大きな違いがあることが分かっている（文献5）。欧米の家族の場合、海外の映画やテレビドラマに見られるように、家族は全体的に仲が良く、家族内で両親に権力があり、子どもたちは両親よりも力がないと表現される。図5の評価基準で評価すると、欧米の家族は「親密さ」で「中」や「高」、「力関係」で「中」が多くなり、そのため「家族関係構造」で「調和型」が多くなる。日本の家族の場合、家族全体で仲がよく、父親がもっとも家族内で権力があり、母親と子どもは同じくらいの権力と表現される。そのため、図5の評価基準で評価すると、「親密さ」で「高」、「力関係」で「小」と評価され、「家族関係構造」で「非調和型」が多くなる。つまり、日本の一般的な家族は「非調和型」が多く、FASTの評価基準に当てはめると、「健康でない家族」と評価されてしまう。このように、FASTの評価基準は、欧米の家族を対象に作成されたため、日本の家族には適さないということが、これまで明らかになっている（文献5）。

そこで、筆者らは、FASTの評価基準が日本の家族にどのように適さないのかを詳細に検討した。筆者らは大学生を対象に、精神的な健康状態と人形配置後に行う質問の回答との関連から検討を行った（文献6）。ここで尋ねている精神的な健康とは、頭痛や疲労感、不安を感じるか感じないか、よく眠れるか、ものごとを上手く進められていると感じているか、日常生活を楽しめているかなど身体的な症状と精神的な症状の両方を尋ねている。

検討した結果、日本の家族において、「親密さ」が「高」、家族が全体的に仲が良いと、「力関係」は関係がなくなる、つまり、親と子の世代間の境界が明確であっても曖昧であっても、子どもである大学生は精神的に健康であった。さらに人形配置後の質問で、「非調和型」とされる家族でも、本人達は「みんな家族が好きでいつもお互いのことを思ってる」「みんな根本的に仲がよく、お互いをみてると思う」といった肯定的な回答をしていることが多かった。しかし「親密さ」が低くなると、家族内の「力関係」は影響力を発揮し、「力関係」によって精神的な健康状態は違っていた。さらに人形配置後の質問で、家族について「私と兄が権力を持ち、父親が家族から離れていった」、「父親に対して、信頼感がない。母親は家族を見守って包み込んでいる」といった否定的な回答が多かった。このような「親密さ」と「力関係」の影響の違いが生じるのは、「親密さ」は家族内で日々の生活でも感じられやすく、意識されやすい。しかし「力関係」は「親密さ」に比べると、日常生活でも感じにくく、意識されにくいためと考えられる。

この「親密さ」と「力関係」の感じ方の違いがあるために、日本と欧米でＦＡＳＴで表現される家族に違いが生じたり、図５の評価基準で評価が異なるのだと考えられる。つまり、日本の家族には「親密さ」と「力関係」の意識の違いがあるが、欧米の家族には違いがないことが明らかになった。

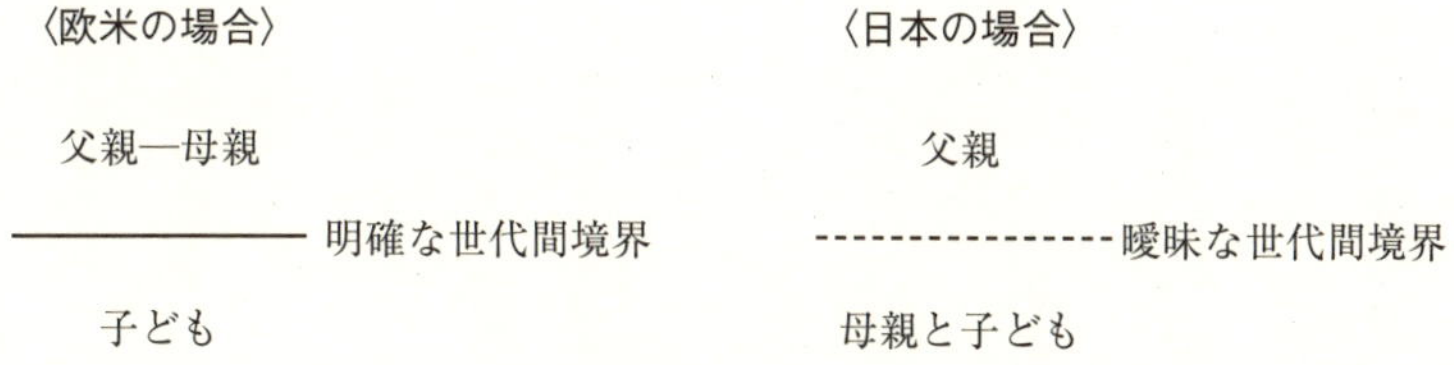

図6　力関係の世代間境界の違い

日本の家族における力関係

日本の家族で、「親密さ」は感じやすいが、「力関係」は感じにくいということが分かった。これまでの他の研究は感じにくい「力関係」について、図6のように欧米の家族では親世代（両親）と子ども世代の境界（世代間境界という）が明確であるが、日本の家族では境界が曖昧になっていることが分かっている（文献5）。このように世代間境界が曖昧となるのは、父親の力がもっとも強く、母親と子どもがほとんど同じ力となるためである。通常、家族心理学の領域では、親世代と子ども世代の世代間境界が明確である、つまり両親そろって子どもより力が強いほうが、家族が上手くいと考えられている。しかし日本の家族では、母親と子どもが同じ力となり、親と子の世代間境界が曖昧である。そこで筆者らは、大学生を対象に、日本の家族の「力関係」に焦点を当てて、大学生が、実際に家族の「力関係」をどのように感じているのかを詳しく検討した。その結果、父親と母親の力関係に特徴が見られた。大学生が父親に力があると表現すると、母親に力がある、あるいは両親ともに同じ力と表現するよりも、家族が上手くいっていると感じていた。つまり、子どもにとって家族内で父親の力が重要であることが分かった（文献7）。さらにFASTの配置後の質問に対して、父親に力があると答えた大学生は「母親が仕切っているように見えて、父親の一言で決まる」、「一大事とかで力を振るうのは父親、子どもの世話をするのは母親。気軽に文句も言えるので、母親はそんなに高くない」としていた。母親に力があるとした者は、「明らかにカカア天下だから」、「みんなが一番母親の言うことを聞くから。あまり父親が『～しなさい』ということはなく、（父親は）母親には逆らわない、ほとんど怒らない、大きい声出さない」としており、両親ともに同じ高さにした者は、「誰が権力を握っているわけではない」「父親と母親は親だし、尊敬している」と答えていた。

日本の家族における父親の力とは？

「力関係」の検討から、父親は日常生活であまり存在を感じられないけれども、いざという時の最終的な決定権があるとか、父親の方が母親よりも恐い存在であるなど、大学生である子どもは父親の存在を意識し、母親とは別の権威を認めていた。カウンセリングなど実際に心のケアを行っている現場での研究（文献8）では、日本の家族には本音と建前のように、2つの

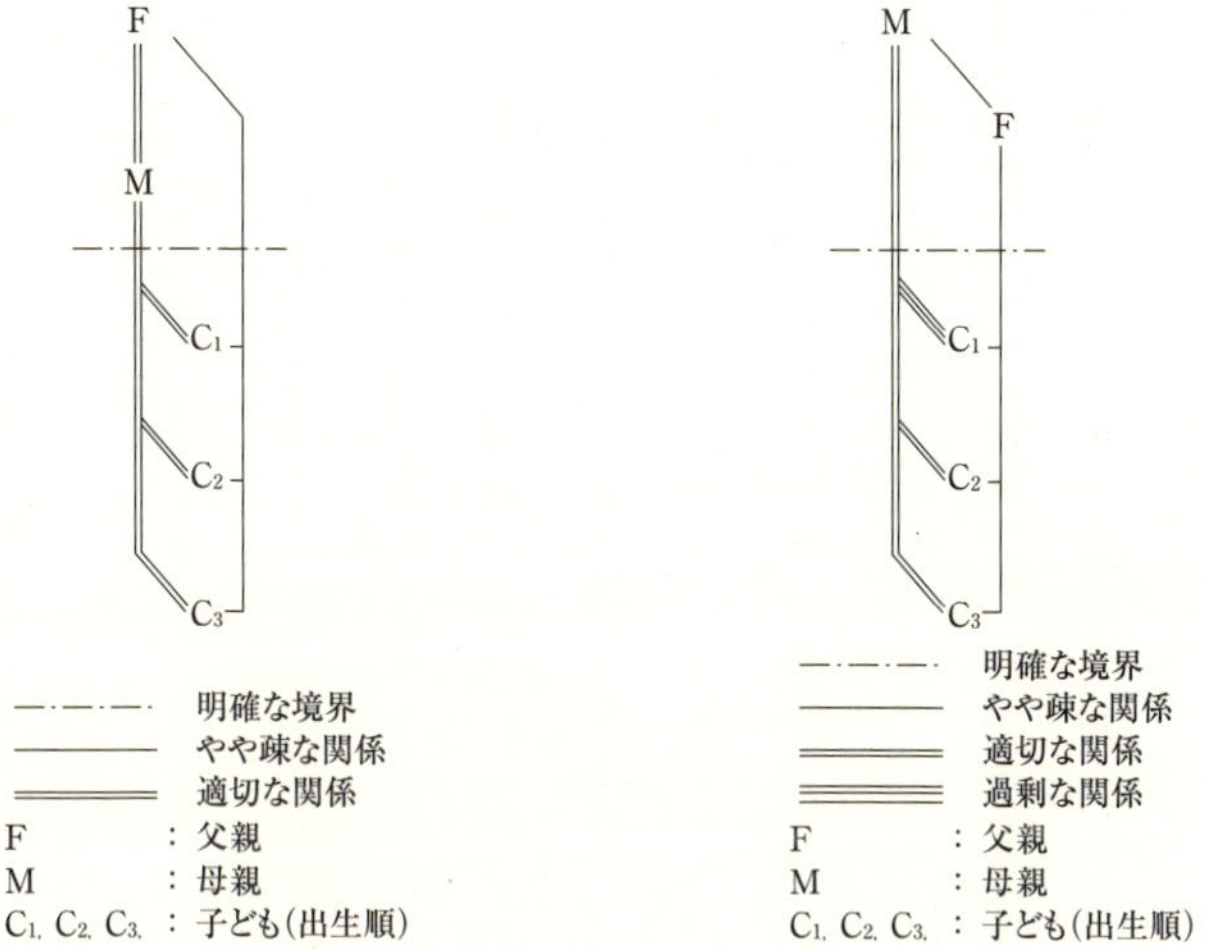

図7　対外構造と内的構造
（左：対外構造、右：内的構造、西澤，1992，p. 31より引用）

「力関係」の構造、「対外構造」と「内的構造」があるとされている（図7参照）。「対外構造」とは「父親が家族の力関係のトップにいる構造」であり、「内的構造」とは「母親が家族内の力関係のトップにいる構造」である。日本の家族の場合、状況によって「力関係」の表現が変わると考えられ、どのような家族にも「対外構造」と「内的構造」の両方の構造があることが望ましいとされている。

先の筆者らの「力関係」の研究で、ＦＡＳＴでは父親が強いと家族がうまくいっていると感じていたという結果が出ていた。この結果から、家族以外の人の前でＦＡＳＴで家族を表現するときには、「対外構造」を表現するほうが、「内的構造」を表現するよりも、家族がうまくいっていると考えられる。つまり、家族以外の第三者に対して、自分の家族について話すときに、父親が家族内で力があると表現するほうが、家族が上手くいっていると感じていると言える。この結果は、カウンセリングなどの心のケアについての研究で表されている父親の存在の重要性と通じるものがある。

さいごに

本章の研究では、これまで日本の家族には適さないとされていたＦＡＳＴの評価基準を、どのように適さないのかを明らかにした。ＦＡＳＴで示される日本の家族の「親密さ」と「力関係」の感じ方の違いがあることが分かった。

筆者が家族について研究をするきっかけは、大学時代の友人の家族と自分の家族の違いに興味を持ったことにある。その友人との会話において、お互いの家族について話していたが、同じ家族構成であるのに、家族としてのあり方がまったく異なり、なぜ、このように違うのかについて、より深く知りたいと思った。このことをきっかけに、ＦＡＳＴという家族を表現する方法を用いて、研究を行い、本章で述べたような日本の家族の特徴を見出すことができた。研究を行った後、大学時代に感じた友人との家族のあり方の違いは結局、家族全体の「親密さ」の違いや「力関係」の二つの構造の違いであったと考えられる。

本章の最初に、家族とは誰にとっても身近な存在であると述べた。筆者にとっても、読者のみなさんにとっても家族は身近で、大切な存在である。また家族とは、誰もが何かしらを語ることができることができるテーマである。しかし、そこで語られる家族は主観的な視点である。本章のように家族について研究を行い、一般的な日本の家族を見出すことは、客観的な視点を得ることができる。筆者は主観的、客観的、両方の視点を持つことが、最終的に家族をより深く知ることができると考えている。今後も、さらにＦＡＳＴを用いた家族の研究を行い、家族について考えていきたいと思う。

文献

1　築地典絵「シンボル配置技法による家族関係認知の研究―Doll Location TestとFamily System Test―」、風間書房、二〇〇七年。

2　草田寿子「家族関係単純図式投影法―家族アセスメントの視点から―」、『人間科学研究』、第二四号、二〇〇二年、五―一〇頁。

3　森岡さやか・小菅律・張磊・中川真美・亀口憲治「家族イメージ法（ＦＩＴ）の現状と今後の展望」、『東京大学大学院教育学研究科臨床心理学コース紀要』、第二九号、二〇〇六年、一二一―一二六頁。

4 Gehring,T.M.（1993）*Familien System Test Manual*. German,:Belts Test Gesellshaft.
5 池田和夫「ＦＡＳＴによる家族構造認知の異文化間比較」、八田武志（編）『シンボル配置技法の理論と実践』、ナカニシヤ出版、二〇〇一年、一四九—一六三頁。
6 中見仁美・桂田恵美子「Family System Test（ＦＡＳＴ）の評価基準の検討—面接の応答、精神的健康度の関連から—」、『家族心理学研究』、第二一号、二〇〇七年、二〇—三〇頁。
7 中見仁美・桂田恵美子「大学生における父親の認知と家族機能との関連」、『家族心理学研究』、第二二号、二〇〇八年、四二—五一頁。
8 西澤哲・田中万里子「両親サブシステムへの日本的アプローチ」、『家族療法研究』、第九号、一九九二年、三〇—三八頁。
9 築地典絵「Family System Test の基礎的研究Ⅰ—ＦＡＣＥＳⅢおよび疎外感尺度との比較を通して—」、『カウンセリング研究』、第三四号、二〇〇一年、一三六—一四四頁。
10 亀口憲治 『家族のイメージ』、河出書房新社、二〇〇三年。

著者紹介

平野哲司（ひらの・てつじ）第 1 章
現　　職：大阪人間科学大学人間科学部健康心理学科助教
専門分野：認知心理学、記憶のエラー

土江伸誉（どえ・のぶたか）第 2 章
現　　職：株式会社行医研主任研究員
　　　　　兵庫医科大学非常勤講師
専門分野：学習心理学、実験心理学、精神疾患の動物モデル

今西　明（いまにし・あきら）第 3 章
現　　職：関西学院大学大学院文学研究科
　　　　　日本学術振興会特別研究員 DC1
専門分野：生理心理学、人間工学

一言英文（ひとこと・ひでふみ）第 4 章
現　　職：関西学院大学大学院文学研究科大学院研究員
専門分野：比較文化心理学、文化心理学

石　暁玲（せき・ぎょうれい）第 5 章
現　　職：関西学院大学文学部総合心理科学科助手
専門分野：発達心理学、臨床心理学、文化心理学

中見仁美（なかみ・ひとみ）第 6 章
現　　職：京都文教大学臨床心理学部講師
専門分野：家族心理学、Family System Test（FAST）

K.G. りぶれっと No. 26
心理科学の最前線

2010 年 3 月 30 日 初版第一刷発行

著 者 平野哲司・土江伸誉・今西 明
一言英文・石 暁玲・中見仁美
発行者 宮原浩二郎
発行所 関西学院大学出版会
所在地 〒 662-0891 兵庫県西宮市上ケ原一番町 1-155
電 話 0798-53-7002

印 刷 協和印刷株式会社

Printed in Japan by Kwansei Gakuin University Press
ISBN 978-4-86283-064-7

http://www.kwansei.ac.jp/press

関西学院大学出版会「K・G・りぶれっと」発刊のことば

大学はいうまでもなく、時代の申し子である。

その意味で、大学が生き生きとした活力をいつももっていてほしいというのは、大学を構成するもの達だけではなく、広く一般社会の願いである。

研究、対話の成果である大学内の知的活動を広く社会に評価の場を求める行為が、社会へのさまざまなメッセージとなり、大学の活力のおおきな源泉になりうると信じている。

遅まきながら関西学院大学出版会を立ち上げたのもその一助になりたいためである。

ここに、広く学院内外に執筆者を求め、講義、ゼミ、実習その他授業全般に関する補助教材、あるいは現代社会の諸問題を新たな切り口から解剖した論評などを、できるだけ平易に、かつさまざまな形式によって提供する場を設けることにした。

一冊、四万字を目安として発信されたものが、読み手を通して〈教え―学ぶ〉活動を活性化させ、社会の問題提起となり、時に読み手から発信者への反応を受けて、書き手が応答するなど、「知」の活性化の場となることを期待している。

多くの方々が相互行為としての「大学」をめざして、この場に参加されることを願っている。

二〇〇〇年　四月